工业和信息化人才培养规划教材

通信行业就业指导教程

罗崇光 主编

何超 宋燕辉 副主编

人民邮电出版社

北　京

图书在版编目（CIP）数据

通信行业就业指导教程 / 罗崇光主编. —— 北京：
人民邮电出版社，2014.11（2018.7重印）
工业和信息化人才培养规划教材
ISBN 978-7-115-36041-0

Ⅰ. ①通… Ⅱ. ①罗… Ⅲ. ①通信－邮电企业－职业
选择－大学生－教材 Ⅳ. ①F626②C913.2

中国版本图书馆CIP数据核字(2014)第148240号

内 容 提 要

本书以时间为线索，从学生刚入校时对通信行业的认知，到对专业的了解，再到职业生涯的规划，目的是使学生具备就业能力，适应工作岗位。本书内容完全按照通信人的培养规律—选择—适应—提升的过程来编排，旨在指导学生能够更好地在通信行业内就业，并使学校培养的学生更能符合企业的需要。

本书适合通信相关专业的高职高专学生使用，也可供爱好者自学。

♦ 主　编　罗崇光
　　副主编　何　超　宋燕辉
　　责任编辑　王　威
　　执行编辑　范博涛
　　责任印制　杨林杰

♦ 人民邮电出版社出版发行　　北京市丰台区成寿寺路 11 号
　　邮编　100164　　电子邮件　315@ptpress.com.cn
　　网址　http://www.ptpress.com.cn
　　北京七彩京通数码快印有限公司印刷

♦ 开本：787×1092　1/16
　　印张：11.5　　　　　　　　2014 年 11 月第 1 版
　　字数：282 千字　　　　　　2018 年 7 月北京第 4 次印刷

定价：29.80 元

读者服务热线：(010)81055256　印装质量热线：(010)81055316
反盗版热线：(010)81055315

本书编委会

主任委员：翁兴旺

副主任委员：罗崇光、蒋青泉

编委会成员（按姓氏笔画顺序）：朱建炜、刘凯、何超、
宋燕辉、何先卫、陈航、姚菡

前言 Preface

十八大提出了"做好以高校毕业生为重点的青年就业工作"、"鼓励青年创业"、"推动实现更高质量的就业"等一系列新任务、新要求，为当前和今后一个时期高校毕业生就业工作指明了方向。如何引导大学生树立正确的职业价值观，助力大学生进入正确的职业发展轨道，是近年来高等教育面临的重要课题，这不仅是关系到成千上万家庭最直接、最现实的利益问题，也是党和政府乃至全社会关心的大事。

通信行业作为国民经济的命脉，属朝阳产业，通信行业的发展，注定了将有巨大的人才需求。2014年4G网络的全面建设并投入使用，以及虚拟运营商的正式登场，对通信行业产生了重大的战略意义。无论是4G，还是国家宽带战略，又或者是云计算和物联网技术的发展，都给通信市场带来了新的发展机遇，这也对通信类专业院校人才培养和职业指导提出了新的要求。

从2008年开始，国家针对大学生就业难的问题已特别要求各个高校专门开设就业指导课程，尽管目前职业生涯规划和就业指导的教材很多，但是针对通信行业的特点编写的教材却存在空白。不同于专业课程的学习，就业指导课程是立足于职业领域的，它不能脱离于行业发展，否则就如同无源之水、无本之木，不能起到很好的职业指导效果。面对这种困境，是依然习惯性地被动等待，还是积极地寻找出路？是仍按部就班地学习求职，还是走进现实，研究如何有限地把握时局、规划未来？

这不仅是广大学子将要面临的事关发展的问题，也是我们一线就业指导老师所要思考的重要课题，更是我们努力要解决的问题。幸而，我们在众多专家的指导下，严格依据教育部印发的《大学生职业发展与就业课程教学要求》，结合通信行业发展

趋势和当代大学生的性格特点，为通信类院校的广大师生全力打造了这本指导教程。

本书是以大学生从入校为开始，以时间为线索，从学生刚入校时对通信行业的认知，对专业的了解，讲到职业生涯规划，再谈到面对就业选择，做好就业调整，以及走上就业岗位以后的适应过程，最后谈职业发展。本书完全以一个通信人的培养——选择——适应——提升的过程来进行编排。以一个过来人和朋友的身份来帮助学生在不同的求学和求职阶段，解决不同的职业生涯规划和就业方面的问题，旨在指导学生能够更好地在通信行业内就业，并使得学校培养的学生能够最大限度地符合企业的需要。希望本书能够成为通信类专业大学生的知心朋友，能够给立志于为通信行业的发展贡献力量的朋友以启迪和收获。

本书由湖南邮电职业技术学院的罗崇光副院长担任主编，何超、宋燕辉任副主编，朱建炜、刘凯、陈航、姚菡4位老师参与编写，在编写过程中，我们也得到了众多来自一线教师的教学反馈，以及企业和毕业生的宝贵建议，在此，谨向他们表示衷心的感谢！

由于编者水平有限，书中难免有疏漏和不妥之处，诚恳地希望广大读者能够给予批评指正。

主编

罗崇光

2014年7月

目录 Contents

CHAPTER 3 准备

CHAPTER 4 规划

面对

CHAPTER **6**

调整

CHAPTER **7**

适应

发展

CHAPTER 8

附录

CHAPTER

1 学习

通信类大学生就业指导

改变是一切进步的起点，学习是一切改变成功的因素

从邮驿驰檄到4G时代，通信技术在时代的发展中飞速前行

新的时代，呼唤全新的人才

刚入大学校园的你

别再缅怀过去，别再迷惘明天

趁我们还有时间，学好我们未来生存的本领

知识大爆炸的环境，英才辈出的年代

唯有扎稳根基、全面发展、孜孜求进，

方能在职场浪潮中笑傲群雄，搏击风云！

马拉松诞生的故事中，仅为了将"我们胜利了"的喜讯传到国内，一名叫菲迪波德斯的希腊士兵一口气跑了42千米的路程最终力竭而亡；中国古代的"飞鸽传信"并不像武侠小说中描绘得那样准确，甚至很难到达目的地，而"快马传书"虽准确率高，但花费巨大，平民百姓支付不起……现在这些顾虑与不便都消失了，我们只需要一个电话、一条短信或QQ消息、一封E-mail，信息就会快速、准确地传送出去。不仅如此，我们每天都轻松、随意地用手机与亲人朋友问好聊天，在网络上缴纳水费、电费，进行聚会相亲，购买各种所需用品……现代通信技术，时时便捷着我们的生活，我们对它是如此熟悉而依赖。

从现在起，欢迎大家带着这些问题迈进通信行业的大门，通过学习、掌握专业知识及技能，成为一名自信、骄傲的通信人。

第1节 掌握专业知识

俗话说"术业有专攻"，通信行业发展速度快，对人才有着相当大的需求量，同时对专业性有极高的要求。因此，选择通信类专业的大学生应尽快从初进大学的迷茫状态中调整过来，认真了解所学专业，打下坚实的专业基础，为自己的职业发展做好规划。

1.学习态度和学习方法

通信类专业课程繁多复杂，大量的公式、数据、图表及专业术语等让许多学生学起来都感觉困难枯燥，有些学生甚至会渐渐失去对学习的兴趣，甚至失去信心，这对学生本人的发展及对通信行业专业人才的培养都会带来不利影响。因此，树立正确的学习态度，掌握科学的学习方法非常重要。

（1）培养兴趣内驱力

教育学家乌申斯基说："没有任何兴趣，而被迫进行的学习，会扼杀学生掌握知识的意愿。"可见，兴趣是探究知识的一种内驱力，也是学生探求知识、认识事物的推动力。要激发自己的学习兴趣，首先就要全面了解所学专业，以及因它的迅速发展给世界发展乃至人类历史进程带来的重要影响，从而建立自己的行业自豪感和优越感。同时，要深刻理解到，积累丰富的专业知识可以帮助自己正确树立目标意识和自我期望值，能够尽快地将理论知识灵活运用到实际工作中并有所创新、突破，发挥自己的优势所在，在通信领域实现自身价值。

（2）树立社会责任感

大学生享有依法接受教育，并取得经济生活的保证或资助的权利。大学生活是一个接受教育、储备知识、培养能力的过程。通过几年的学习，大学生将进入社会，成为职业人，就应当履行自己用所学知识、技能服务人民、报效社会的职责。因此，学习不仅应出于自己的兴趣，更应出于对个人、家庭、社会、国家的责任感。

（3）培养科学的学习方法

在校学习只有短短几年时间，面对浩如烟海的各种知识、各门类学科交叉渗透、科学技术的发展日新月异的新形势，要想全面掌握各方面的知识是不可能的，这就要求同学们掌握科学的学习方法。

科学的学习方法主要表现在以下几个方面。

一是科学地安排学习时间，根据自身情况选择学习内容，在学习知识方面要有较为准确的定位，构建合理的知识结构。很多同学在学习中习惯跟着老师一节一节地走，一章一章地学，不太注意章节与学科整体系统之间的关系，只见树木，不见森林。随着时间推移，所学知识不断增加，就会感到内容繁杂、头绪不清，记忆负担加重。事实上，任何一门学科都有自身的知识结构系统，学习一门学科前首先应了解这一系统，从整体上把握知识，学习每一部分内容都要弄清其在整体系统中的位置，这样做往往使所学知识更容易把握。特别是学习通信知识，一定要树立全程全网的概念，这一点至关重要。

二是培养科学的思维方法，积极地、能动地掌握学习的技巧以及发现问题、研究问题、解决问题的方法，提高自己的自学意识和能力。爱因斯坦曾强调指出："高等教育必须重视培养学生具备会思考，探索问题的本领。人们解决世界上的所有问题是用大脑的思维能力和智慧，而不是搬书本。"因此，同学们应当在多读书、拓展知识面的基础上做到"多思考，注重理解"和"多重复，温故而知新"，这里的重复并不是机械的重复记忆，而是有不同角度、不同重点、不同目的的重复，这样不同地感觉和体会，一次会比一次获得更深的认识。

上课老睡觉　　　　　　　　　　夜夜玩游戏

科科不及格　　　　　　　　　　求职成难题

案例1 调整学习态度，合理安排时间

　　小海以优异的成绩考进学校后，凭借军训期间的出色表现被同学们推选为班长，他工作沉稳细心、责任感强，将班级工作管理得井井有条。老师十分欣赏他的工作能力，鼓励他参加院团委学生干部的竞选，小海通过层层考核，最终当选秘书长。由于工作多了很多，小海觉得自己的学习时间似乎总安排不过来，特别是在每次负责组织的活动都取得不错的评价后，小海更不把精力放在学习上了，期末考试，他的成绩在班级排名中下。这并没有引起小海的重视，在汇报工作时他找客观理由为自己开脱：自己所学专业太难，工作占用时间与精力太多等，并认为专业学习不重要，工作能力才是社会所看重的。

　　老师发现了小海的转变，侧面了解到他的想法后，向小海提出几个问题：学生干部最主要的作用是什么？当学生干部顾不上学习，是个人能力的原因还是方法上有问题？工作后，遇见技术难题，靠专业知识还是其他能力去解决？

　　认真思考了老师的问题后，小海给自己准备了一个小本，把每天的重点工作和学习任务都按计划做好时间安排，并要求自己在学习上每天必须解决一个问题。下课后，很多同学都直奔餐厅、网吧，但小海一定会先去老师办公室把当天学习上的难点问清楚。每年暑假，小海会主动联系去当地的电信公司实习锻炼自己的动手能力。他扎实的专业基础、出色的工作能力和从容的处事态度给实习单位留下了良好的印象。毕业后，小海顺利地进入了电信公司工作。

评析

不少学生进入大学后，面对繁复的专业课程提不起兴趣，对学生干部的竞选却非常积极。有想提高自身能力的，也有希望凭借担任干部的经历为自己就业加分的……如何在工作的同时不耽误专业学习，成了让他们困惑的问题。案例中的小海也一度处于无法平衡两者关系的迷茫期，起初过于看重社会经验、人际交往，热衷于各种活动、应酬而不能安心学习。在对老师提出的问题进行思考的过程中，小海明确了作为学生干部不仅要在工作上更应该在学习上起表率作用的责任，认识到专业学习在职业发展中的重要性，因此端正了自己的学习态度。同时，他根据初步职业规划，对自己的时间做出合理安排，在学习上掌握了从量变到质变的规律，并不是一味埋头苦学，而是更注重平时的积累。最终，他在学习上和就业上都获得较为满意的结果。

2. 通信专业知识特点

（1）通信技术发展历程

通信的本质就是信息的传递与交换，在人类历史的进程中，通信很早就已出现，并扮演着重要的角色，推动着人类文明的进步，通信技术也被视作当代生产力中最活跃的因素。人类最早的通信方式包括飞鸽传书、烽火狼烟等，而现在我们所说的通信技术指的是18世纪以来以电磁波为信息传递载体的技术。

通信技术的发展主要经历了以下3个阶段。

① 1838年以摩尔斯发明电报为标志的初级通信阶段

19世纪中叶对于通信行业具有着重大的纪念意义，从摩尔斯的有线电报到贝尔的电话，再到马可尼发明的无线电报，这些以金属作为导线来传递信息，甚至是以电磁波来进行无线通信的巨大的技术变革，将人类的通信推向了一个新的时代，神话中才得以出现的"千里眼"、"顺风耳"成为现实，从此人类的信息传递脱离了常规的视听方式，改为以电信号作为新的载体。

② 1948年以香农提出信息论为标志的近代通信阶段

20世纪人类进入近代科技高速发展的大时代，通信行业也在飞速发展，在两次世界大战期间，通信技术的加入使得近代战争有别于人类原始的战争，更趋向于信息战。随着人们信息量的增加，对通信需求的不断提高，通信系统理论也在这个时间得以建立发展。

③ 1980以后以互联网、光纤通信等技术出现为标志的现代通信阶段

20世纪末，随着超大规模集成电路的开发，长波长光纤通信系统得以广泛应用，通信作为人类发展的重要生产力，在各个领域都得到广泛的应用，也在逐步地改变人类的生活方式。随着综合业务数字网的崛起，通信行业必将更深层次地影响人类的发展。

进入21世纪以后，人们对于通信的需求和创新，必将推动通信技术保持高速发展的势头。商用通信系统已经完成从第二代GSM向第三代CDMA的转变，正朝着第四代通信系统的LTE、OFDM等技术过渡。光通信方面，全光通信网络通信时代也即将到来，通信信号处

理、编码和通信设备器件的研究飞速发展，网络的容量和带宽得到了巨大提升。无线通信网络方面，包括移动Ad Hoc网络、无线传感器网络、无线Mesh网络的研究也方兴未艾，它们构成了下一代网络NGN（Next Generation Network，又称为次世代网络）的重要内容。

灵活、敏捷、无限自由沟通是人们对未来通信发展的需求，也是推动通信技术发展的源动力，通信技术的发展永远不会停下步伐，而且会越来越快，不断地推进人类社会文明发展进步。

（2）专业学习在职业生涯发展中的重要性

职业生涯是一个人的职业经历，是指一个人一生中所有与职业相联系的行为与活动，以及相关的态度、价值观、愿望等连续性经历的过程，也是一个人一生中职业、职位的变迁及工作、理想的实现过程。

职业发展是指为达到职业生涯计划的各种职业目标而进行的知识、能力和技术的发展性培训、教育等活动，也是个人逐步实现其职业生涯目标和工作理想而不断制订、实现新目标的过程。尽管每个人在职业生涯中选择的职业、职业变动的具体情况不尽相同，但职业发展却是每个人的共同追求。

美国具有代表性的职业学家萨柏的职业发展理论将人的职业发展划分为5个主要阶段：成长阶段（0~14岁），属于认知阶段；探索阶段（15~24岁），属于学习打基础阶段；确立阶段（25~44岁），属于选择、安置阶段；维持阶段（45~64岁），属于升迁和专精阶段；衰退阶段（65岁以上），属于退休阶段。

大学生正处于其中的探索阶段。在校期间，学校提供了各种各样的资源，大学生有足够的时间充分利用这些资源，进行知识储备。同时，还能通过学校的各种活动开拓视野，提高自身修养，掌握职业技能。可以说大学生活是个人职业发展的黄金时期。

专业学习是大学生活中最重要的组成部分，专业是指根据学科分类和社会职业分工的需要分门别类地进行专门知识教学活动的基本单位。现代高等教育的重要职能就包括按照专业设置组织教学，进行专业训练，培养专门人才。

专业学习在职业生涯发展中的重要性主要体现在以下两个方面。

① 专业与职业的密切关系

企业用人就要看是否能为企业创造效益，讲求实际、实用、实效，因此往往倾向于招聘专业对口的毕业生，更看重专业知识扎实的人才，希望他们能尽快地适应工作，利用所学为企业创造最大的现实效益。大学教育就是为就业准备的教育，大学生应当利用这个阶段深入了解所学专业，结合行业优势，做好职业规划，实现职业生涯发展。

通信专业因行业本身的特点，其培养的主要是具备通信技术、通信系统和通信网等方面的知识，能在通信领域中从事研究、设计、制造、运营及在国民经济各部门和国防工业中从事开发、应用通信技术与设备的高级工程技术人才。俗话说"隔行如隔山"，专业知识是大学生走进职场的立身之本。

② 精深的专业知识是职业发展的核心竞争力所在

专业知识是大学生知识结构的核心部分。大学教育的根本目的是培养专业性较强的人才，要求大学生在学好理论课的同时对专业知识或某一专业方向进行较为深入的学习和研究。

通信专业是一门涉及范围极广的工程学科。具备精深的专业知识，并不是要求学生能将教材倒背如流，而是立足基础知识，培养科学的思维能力，能动地掌握专业知识，只有这样才能在实际工作中灵活运用，解决各种难题，实现融会贯通，不断创新。面对通信技术日新月异的发展和行业对人才不断的需求更新，大学生需要具备可持久发展的竞争力。因此，拥有与从事职业相关的精深的专业知识是职业发展过程中实现生涯目标的核心依据。

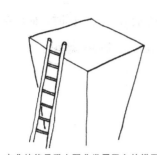

专业技能是登上职业发展平台的梯子

不同的梯子决定了你能达到的平台高度

精湛的专业技能决定了竞争的成败

加强专业技能，你一定能达到别人无法企及的高度

案例2 注重专业技能，提升竞争能力

　　某职业院校毕业生小肖，从入学开始就表现出对专业的极大兴趣。平时上网总是关注与所学专业、行业有关的新闻和信息。课堂上没弄懂的地方自己不是和同学讨论，就是到图书馆翻阅资料，实在解决不了就一定会找老师问个明白。由于专业成绩拔尖，老师经常安排他做助手，协助自己做实验、完成课题。小肖两次代表学校参加全国职业院校技能大赛，并分别获得一、二等奖的好成绩。毕业后进入华为技术公司，由于有较强的动手能力，小肖初入单位就能很快上手工作，在很多毕业生中脱颖而出，成为技术骨干。现在很多刚进公司的研究生都跟在小肖后面叫他师傅，但小肖并没有安于现状，而是利用休息的时间积极地备考本专业的研究生，希望自己能有新的突破。

评析

现在的用人单位尤其是民营企业，希望新进员工能够尽快地适应工作，创造效益，他们注重的是人才的利用，而不会在人才培养上花费过多。案例中的小肖充分利用了在校的时间和学校的各种资源充实自己的专业知识技能，并注重提高自己解决问题的能力，因此，走上工作岗位后，他能熟练地将理论与实践结合在一起。同时，面对竞争，他有较强的危机意识，能够主动地提升、完善自己，增强自己的持久竞争力。

第2节 优化知识结构

知识结构是指一个人经过专门学习培训后所拥有的知识体系的构成情况与结合方式。当前大学生在知识结构上存在的问题主要体现如下：过于看重专业知识，基础知识薄弱；知识面狭窄，文理偏科严重；片面重视外语、计算机等实用技能性知识，热衷于过级考证，忽视专业知识基础的重要性；知识死板、僵化、相互孤立，不能将其系统地联系起来；信息封闭、吸收知识量有限、知识更新慢等。这些问题中的知识结构明显缺乏独立性、能动性、科学性，不能体现大学生的创新活力，也难以适应时代的发展。

广博的知识能使人眼界开阔、思维活跃、触类旁通，这就要求学生首先要根据自身情况、所学专业的特点做好以职业为目标的知识准备，以此确定自己知识结构的类型。其次，根据拟订的知识结构，将自身的知识结构按整体要求以及层级进行优化组合，构建出适于自己的知识结构雏形，例如，技术型、管理型、经营型、科研型等。最后，把握好构建合理知识结构的原则——系统整体性原则、核心层次性原则、合理比例性原则、动态调节性原则，避免知识面过窄，并不断根据行业发展和职业要求对知识进行优化

1. 基础知识均衡发展

基础知识是知识结构的根基，不同的专业需要不同的基础知识。对某一专业的学生来说，所谓的基础知识应包含学习本专业所必须掌握的基本理论、基本技能和基本方法，但从更高层次的学习、创造性工作和成才要求方面来说，基础知识应包括与专业有关的其他学科的基础知识以及基础的人文科学知识、基础的自然科学知识和基础技术知识等。

基础知识均衡发展可以帮助学生理解专业知识，有利于学生培养独立思维、掌握科学方法，同时能帮助走上工作岗位的同学不断完成知识的更新。

基础知识均衡发展的方法主要有以下几个。

（1）根据自身兴趣、专业、职业目标、发展方向对知识进行定位选择

严峻的就业形势，要求大学生具备除专业知识外的更多知识和技能。工作岗位需要的知识不能在大学完全学到。大学生可以以自身的兴趣、专业、求职方向等为出发点，有针对性、有条理地选择学习基础知识。

我是职场超人

获得领导的表扬与奖励

得到同事的羡慕和尊敬

均衡的发展、合理的知识结构就是我成功的原因

（2）勤奋学习，注意平时积累

学习知识并不是口号，知识结构若没有本人的勤奋学习便只是个空架子。学习不是一天、一周的短暂过程，也不是死记硬背的机械运动。因此，应该保持学习过程的能动性、积累性、持久性。

（3）充分利用各种知识资源

可供大学生利用的知识资源有图书馆、互联网和老师等。同时，大学生要积极主动地虚心地向老师学习、请教、探讨问题，学会怎样学习、做学问，充分利用这个活的知识资源。

（4）注重社会实践

大学主要培养专业性较强的人才，因此更多设置的是专业课程，而进行的实验、技能竞赛等相关的实践活动也是为了提高学生的专业技能。大学生在课堂上、校园中学到的知识是有限的，其应尽量多开展社会调查、课题研究和实习考察等形式的活动，给知识结构的外生、外延创造条件。在实践中，大学生要丰富社会阅历，培养应对能力，转变思维方式，对原有知识、经验、观念、方法进行新的组合，使知识结构在动态中不断优化，更趋于合理，更有活力。

2. 专业知识侧重要点

专业知识是指一定范围内相对稳定的系统化的知识，它包括专业基础理论和专业岗位群必备的职业技能。以通信专业为例，其主干学科为信息与通信工程、计算机科学与技术。该专业学生在校主要学习通信领域中通信原理、交换、传输、网络、信号处理、计算机等基本理论和技术，关注并了解通信系统和通信网建设的基本方针、政策和法规以及通信技术的最新进展和发展动态，能够掌握通信领域内的基本理论和基本知识，光波、无线、多媒体等通信技术，通信系统和通信网的分析与设计方法，培养设计、开发、调测、应用信通系统和通信网的基本能力。

学生毕业后可进入通信运营与管理、通信设备制造、通信服务提供、交通、民航、广播等行业，从事通信网络的设计、维护，软件程序的编制、调试，硬件系统的设计、调测，主持规划通信系统的设计、实现以及为客户提供各种技术服务。由此可见，这是一门研究领域极宽的工程学科，且仍在朝众多方向飞速发展。学生学习的方向分支不断细化，同时学习内容也不断增加，这给学生造成了很大的负担。因此，大学生应该学会选择具有适应性、必须性、合理性的专业知识要点。

（1）树立正确的学习态度

通信专业知识相对深奥枯燥，该专业大学生要全面了解自己的专业并主动学习，结合自己的兴趣、性格特点等做好职业定位，有的放矢地做好知识能力储备工作，爱上自己所选择的专业，建立在专业上取得成就的职业目标。

（2）掌握科学的学习方法

整体地把握知识体系，了解各学科之间的联系及规律。在有限的时间里，有计划、有主次、分先后地掌握专业知识。对每一门课程自己需要掌握到什么程度，具体对自己有什么作用都要有较为清晰的定位，并利用多种途径拓展自己的知识面，掌握必需的基础知识，从而帮助自己更好地吸收专业知识。

（3）培养独立的思维能力

大学生的思维能力与深度如何，思维方法如何，决定着学习的效果和创新意识的培养。思维活动使学生在学习活动中能继承人类的知识，并能运用知识来解决学习中的各种问题。当出现解决问题的需要时，大脑才能活跃起来，思维能力才可能在解决问题的过程中发展起来。爱因斯坦曾说过"提出一个问题，往往比解决一个问题更重要，因为解决问题也许是一个教学上或实验上的技术问题，而提出新的问题新的可能性，从新的角度去考虑旧的问题，却需要人创造想象力，而且标志着学习上的进步"。学生不能被动地学习课本知识，而应积极地、能动地掌握学习的技巧以及发现问题、研究问题、解决问题的方法，培养自己的自学意识和能力。只有养成良好的思维习惯才能有利于从学生到职业人的角色转换。

（4）锻炼较强的实践能力

由于市场竞争越来越激烈，用人单位希望所招员工能够在最短时间内投入工作，而不愿在新员工的培训方面花费太多的时间、精力、物力。因此，大学生应该了解自己就业岗位对专业技能的具体要求，抓紧在校时间有针对性地做好专业实验，提高操作技能，并以此为基础，提高与自己所学专业相关的各种实践能力，使自己成为理论上能懂、实践中会干的人才，只有这样才能增强自己在就业择业中的竞争力。

课后习题

1.你能列出你所学专业的专业课程吗?

2.请列出自己的大学规划表。

大一:

大二:

大三:

CHAPTER

2 了解

知己知彼，方能百战不殆，但常因身在其中的缘故，
我们知彼难，知己更难！
本章节我们从专业培养目标、通信行业现状和发展前景以及
现在大学生就业现状等多方面入手，希望给大家展现一个客
观、真实的现实，让读者在知己的同时也能知彼，明白自己
前行的目的，设计一个最合适自己的职场发展战略。

　　通信类专业大学毕业生在进入大学开始专业知识学习的同时，必须时刻了解通信行业的发展现状和发展趋势。被誉为"职业指导之父"的帕森斯指出，要做好职业规划，除了了解自我外，还要了解职业，然后进行以上两方面的综合考虑。就多数大学生而言，对行业发展的不了解是他们进行职业发展规划的共同难题。

第1节　专业培养目标

　　培养具有通信基础理论知识，了解电波、无线电和多媒体等通信技术，掌握电子和计算机技术，能从事通信等方面职业的专业技术人才，以及培养了解通信行业发展趋势，熟悉通信市场环节的通信服务人才，是通信类专业的培养目标。未来社会是信息社会，信息的传递工程是十分重要的，通信类专业的学生会有相当光明的就业前景。

　　1.通信学科各专业就业方向

　　通过学习通信技术、通信系统和通信网等方面的知识，学生能在通信领域中从事研究、设计、制造、运营工作及在国民经济各部门和国防工业中从事开发、应用通信技术与设备工作。毕业后也可从事通信市场流程管理、通信信息服务管理及通信市场营销等工作。近年来的毕业生多就业于通信系统、高科技开发公司、科研院所、设计单位、金融系统、销售管理、铁路及政府和大专院校等。

　　通信学科各专业差异性不大，根据学校开设的具体课程，有如下表所示的四大就业方向。

通信各学科主要就业方向

就业领域	就业方向	介绍
通信技术	设备制造商通信公司	从事通信技术研发及设备制作工作，如摩托罗拉、诺基亚、爱立信、中兴、华为、大唐等
网络运营	运营商	从事通信网络运行管理工作，如中国移动、中国电信、中国联通等
服务管理	服务提供商	从事通信网络服务开发，如中兴软创、联创、亿阳、欣网、电信软件厂商等
市场营销	通信公司销售岗位	从事通信服务销售及通信设备销售的工作，如社区经理、客户经理等

2. 通信学科各专业发展趋势

（1）通信技术专业发展趋势

现代通信技术的特点可以归为以下3类：时效性，准确性，安全性。随着通信技术的不断发展和人们对生活质量要求的不断提高，通信技术专业的发展向着更快的网络速度，更有效利用频率的方向发展，可以说通信技术专业也处在一个迅猛发展的时期。通信技术专业是通信技术、电子技术与计算机应用技术相结合的复合型专业。通信技术专业培养具有适应社会主义现代化建设需要的德、智、体、美全面发展，掌握通信系统领域所涉及的通信技术、电子技术、计算机应用技术等方面的必备理论知识，专业技能强，适应面广，基本素质好，能够实际操作检测、维护管理通信设备及系统正常运行的应用型高等技术人才。

社会对于通信网络建设维护、通信设备开发管理的专业人员需求量也持续增加，通信技术的不断升级对于本专业的人才也提出了更高的要求，质和量的要求促使通信技术专业人员必须有过硬的技术功底，才能很好地胜任通信技术岗位工作，才能在通信行业蓬勃发展的时期抓住自己的发展机遇。

（2）通信服务专业发展趋势

我国电信市场经过了几次变革，现形成了以3家全业务运营商为主体的市场格局。随着人民生活水平的提高，客户需求也日益多样化，从最初较为单一的通话及短信业务发展到现有的上网、购物、休闲娱乐等多样化的服务。这些服务的实现必须要以庞大的基站数量和更加复杂的网络技术来支撑，运营商必须集中主要精力于核心业务以应对日趋激烈的市场竞争，将非核心技术服务外包给独立的第三方电信技术服务商以降低其经营成本并提升管理效率。目前，我国的电信技术服务外包趋势已经基本形成，商业及市场化程度大大提高。通信技术服务行业也在经过运营商主导、设备厂商主导等阶段的发展后，已经发展到了现在的第三方通信技术服务提供商主导的态势。

（3）通信营销专业发展趋势

通信产业作为一个知识密集型和人才密集型的高新技术产业，在竞争日趋激烈的社会化发展趋势下，十分重视自身的市场营销体系的建设及管理，与传统的营销行业不同的地方在于，通信营销对于销售人员提出了更高的要求，不仅要熟悉通信行业发展现状，也需要有更高的销售管理能力。目前，随着各通信运营商的内外部重组带来的影响，各运营商已面临着严峻的考验，服务产品趋于差异化且目标客户市场将更加细分，电信业务需求已经从"语音时期"转变为"带宽时代"，用户主要的消费活动是浏览网页、网上聊天、手机视频等，通信营销专业向着差异化服务的方向发展，针对不同的用户群体，提供个性化业务和服务，最大限度地满足不同用户的需求。

第2节　通信行业现状

1. 通信行业的分类

通信行业由通信服务业和通信制造业组成。

（1）通信服务业

通信服务业包括提供信息内容服务的信息提供业和提供通信网络服务的运营业。为人们提供通信网络服务的主要指中国电信、中国移动和中国联通三大运营商，随着通信网络的高速发展，运营商之间也在进行密切的合作与竞争，这在为人们提供便利的通信网络服务的同时，也促进了我国通信行业的良性发展。在我国通信服务业中，信息提供业的主要企业是互联网信息内容提供商（ICP），这部分产业刚刚兴起，正在蓬勃发展，并在丰富人们的生活工作中起到越来越重要的作用。

（2）通信制造业

通信制造业按制造产品的不同，分为通信设备制造和通信产品制造。其中，通信设备有交换设备、接入设备、传输设备、移动通信设备、数据通信设备、微波通信设备、卫星通信设备七大类；通信产品主要有固定通信终端和移动通信终端。

2. 通信行业发展战略

当今，通信产业不仅是一个国家经济的主要支柱之一，更重要的是，通信市场蕴含了巨大的经济价值和利润，它将超过钢铁、石油及汽车等传统产业，成为国民经济的最大支柱。开放的通信市场，将造就新的通信运营模式，使通信业务走向多样化，并促成众多新型通信运营商的出现。其结果是直接导致通信市场格局变化。自由开放的通信市场竞争格局，对中国通信市场带来的冲击是显而易见的。归根结底就是：对网络带宽的巨大需求。近年来，Internet对传统通信网络带来巨大影响，目前，通信业界正酝酿着又一个空前的革命，即光速经济的到来。

光速经济将为运营商带来巨大的商业回报，为用户带来无限的商机。光速经济，是互联网络经济的高级阶段，是光电子技术发展的必然趋势，是电子商务的必要条件。它具有以下主要特点：开拓全新的信息产业领域；网络基础设施将发生革命性改变；通信将不受时间、空间和带宽的限制；根本改变人们的工作和生活方式。

日新月异的网络技术和业务，极大地分流了传统的电信业务量，传统语音业务逐渐丧失了主导权。而以IP为核心的新技术层出不穷，也极大地加快了传统电信技术和业务被淘汰的步伐。通信产业加速走向光纤化、宽带化、IP化、综合化，移动和宽带正在成为通信企业下一步发展的重心。宽带接入、IP技术、4G、NGN等催生出一大批新兴业务，为通信企业实现转型、开辟新的价值创造领域提供了有利条件。

3.通信企业职业需要情况

一般来说，通信企业可分为通信运营企业、通信设备供应企业、通信服务支持企业几类。

（1）通信运营企业的工作特点、岗位设置与职业晋升路线图及任职要求

通信运营企业主要是指在通信行业中提供具体网络设备，搭建通信网络并负责日常维护的通信运营商，如中国移动、中国联通、中国电信等。

① 工作特点

服务类职位进入门槛较低；技术类职位对专业知识的储备及运用要求较高。

② 岗位设置

客户经理；网络维护；技术支持/研发。

③ 职业晋升路线

职员→主管→中高层管理人员。

④ 任职要求

在运营商做设备维护，一种是在运营商的机房随时待命，另外一种是在基站维护代理下边做事。后者工作公务是维护基站的正常工作：例如，基站停电了，你需要去启动备用电源，更换零件，正常巡检，甚至处理因刮大风被刮歪的天线等。

但需求最大的还是服务类职位，如客户经理、市场开发等。虽然这一类职位招聘一般不需要专业背景，但若在同样条件下，用人单位仍更愿意选择有一定专业优势的应聘者。

案例 3 了解企业需求，打通发展通道

小俊同学热爱通信专业，进入大学学习计算机通信专业，在校期间学习优异，经常参加学校组织的各种活动，在即将毕业的时候，他经过详细认真的自我分析，立志进入通信运营商工作，凭借着在校期间的专业积累和个人能力提升，在几轮笔试、面试后脱颖而出，顺利进入移动公司，从事网络维护岗位工作。在工作过程中，为了更好的职业发展和能力提升，小俊同学积极参加成人教育进行学历提升，以及参加各种技术培训进行职业技能提升，在进入移动公司的第3年参加公司组织的选拔考试，成为公司技术部门的主管。

评析

通信行业尤其是通信运营商，在人才选拔过程中有严格的要求和详细的晋升机制，对于毕业生的学历要求和专业能力都有标准的量化值方便毕业生参考。有意向进入运营商技术岗位工作的同学，可以参考近几年运营商的校园招聘要求，比照自身条件去弥补

不足。技术类岗位在通信运营商企业中，工资待遇较高，要求也是相当高，在学历、职业技能和自身能力方面有着严格的要求，只有不断地提升自己，才能在激烈的竞争中保持着持续的竞争力。

案例4　分析自我能力，找准合适岗位

小红是个性格外向的女孩，对于通信行业有着强烈的爱好，大学虽然是在通信类院校学习市场营销专业，但她在大学期间的职业规划就明确了自己的职业发展是进入通信运营商。在小红将要毕业的时候，她发现自己在技术类岗位中并没有优势，自身的强项是沟通和组织能力，所以将简历投向了某电信公司营销类岗位，并顺利地得到了实习机会，实习期间她去通信卖场做过销售经理，也去呼叫中心做过接线员，一开始总是摸不着方向，她也很着急，通过虚心地向前辈学习，利用休息时间整理工作经验，小红的工作越来越有起色，在几次公司组织的技术比武中，获得了技能标兵的称号。

评析

通信运营商提供的技术岗位针对毕业生的较少，而主要是针对有工作经验的高技术人才。针对刚毕业的大学生，运营商提供的岗位更多的是营销类岗位，这类岗位的起点要求较低，但相应的竞争也更激烈。本文中的小红，能及时意识到自己的优缺点，在职业选择过程中，选择适合自己的营销类岗位，并在工作过程中积极思考总结工作经验，最终获得了职业发展的成功。

（2）通信设备供应企业的工作特点、岗位设置与职业晋升路线图及任职要求

根据国家统计局的分类，通信设备产业分为移动通信（无线系统设备和终端）、通信交换（交换和接入）、通信终端（固定电话机和传真机等）、传输（光传输设备）、其他通信设备制造业（包括数据通信、通信配套设备等）。如中兴、华为、贝尔、摩托罗拉等，就是通信设备供应企业。

① 工作特点

设备供应企业技术进步快，对技术类员工要求高；产品结构向高技术调整；市场竞争日益激烈。

② 岗位设置

主要分为硬件工程师和软件工程师。

③ 职业晋升路线

研发员→研发工程师→高层市场或管理人员。

④ 任职要求

在通信设备供应企业工作，意味着将站在通信技术最顶端的企业工作。因为，设备商必须能为运营企业提供能适应企业发展需求并具有前瞻性的设备，为此在设备商工作将要不断更新所学知识。这要求应聘者一定要有更为扎实的专业知识和较强的学习能力，并且要有足够的心理耐压承受能力，只有如此才能够适应企业的竞争要求和末位淘汰机制。

案例5 提升技术能力，争做行业精英

小马同学从小喜欢研究新鲜事物，在进入大学的时候选择了通信技术这个较新颖的专业，在校期间尤其喜欢通信专业相关知识，在毕业的时候，他放弃了在家门口通信运营商工作的机会，而是选择向自己向往的通信设备制造商投去了简历，经过多轮激烈的面试，他最终应聘上了助理工程师的岗位，在工作期间，不但很好地完成自己的工作任务，还和其他几位同事组成工作小组，一起研究企业设备技术难题，成为某一领域的技术专家。现在的小马同学已经成为公司的项目负责人，负责管理一个由十几人组成的技术研发小组。

评析

去设备制造商工作，除了需要有较强的技术实力之外，对于自身的综合素质如抗压能力等也有很高的要求，所接触到的技术也代表着通信行业发展的最前沿，需要不断学习以进行技术提升，在这个工作岗位，压力与机遇并存，小马能接受研发岗位带来的巨大压力，完成各项工作任务，最终成为公司的项目负责人。

（3）通信服务支持企业的工作特点、岗位设置与职业晋升路线图及任职要求

通信服务支持企业，顾名思义主要是指在通信行业中负责提供相关技术服务支持的企业。

① 工作特点

针对性较强，要能抓住时代潮流；需要协调通信行业中运营商和客户之间的关系，要求有较高的沟通能力。

② 岗位设置

销售经理；客户经理。

③ 职业晋升路线

销售助理→销售工程师→销售(市场)经理。

④ 任职要求

在通信服务企业工作需要有一定的通信专业基础知识，但是更注重的是人际沟通能力。在很多时候，服务商既是甲方也是乙方，在与人打交道的过程中，必须兼顾各方的应得利益，这就要求一定应聘者要有良好的EQ素养，并具备市场开拓和团队合作的能力。

案例6　发现自我优势，实现职业理想

　　小杰同学在校期间是文艺积极分子，大学选择了通信行业，成绩普通的他利用课余时间参加各项活动，也密切关注通信行业的发展趋势，他在毕业的时候选择去一家通信服务企业做销售助理，一开始家人并不认同，觉得没发展且经常出差，工作太辛苦，但小杰却觉得与人沟通交流才是自己的强项，他在工作中慢慢地找到了方向并进入了状态，每年都出色地完成了公司业绩任务。现在已成为公司区域经理的小杰，在总结自己的职业发展轨迹的时候更多的还是说自己的爱好，向往自由的工作节奏，乐于挑战，善于交流是他成功的秘诀。

评析

　　小杰的案例能够反映很多人现在的状态，专业能力一般却性格外向、善于交流。选择了销售工作，工作压力可能会让很多人一开始不能接受，但这样的岗位往往更重视一个人的人际沟通能力，在这方面有天赋的小杰，坚持自己的选择并最终实现了自己的职业理想。

第3节　通信行业业务大类发展现状

1. 移动

近年来移动技术也发生着翻天覆地的变化，移动技术的不断革新，推动着通信行业的不断发展，如下图所示。

毫无疑问，目前我国移动通信服务行业的市场格局是三巨头（中国移动、中国电信和

中国联通）并立，尽管这一格局形成的时间较短，但竞争逐渐激烈。

中国移动在获得全业务牌照后，将需要改变基础业务较为单一的局面，完成从"移动信息专家"到"综合信息专家"的转变。

中国联通借助业务品牌"沃"，以及推出联通版iPhone5对业务创新、品牌整合，锻造核心能力，并通过组织调整等加强内部管理，从而增强企业的综合竞争力。

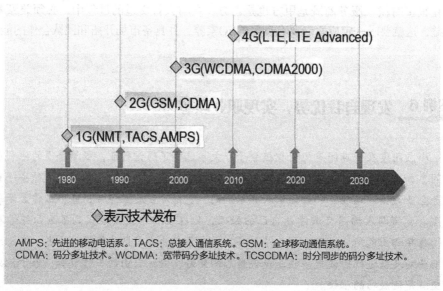

移动通信技术的发展历程

中国电信获得移动业务后，借助多重业务捆绑以及原有固网业务移动化的发展契机，以提高其整体的竞争力和品牌形象为核心，"天翼"品牌的上市，标志着中国电信全面转型为全业务综合信息服务提供商，这充分体现了中国电信通过全业务实现"综合信息服务"的强大优势。

近年来，随着全国移动用户的迅猛增长，3家运营商的市场用户数均呈上升态势，但3家运营商的ARPU值（每月每户平均话费）却全都呈现出下降的趋势。这表明，移动通信服务行业的赢利空间已出现缩小迹象。加入WTO后，外商的进入将导致这场竞争更加白炽化，各路竞争者必将面对优胜劣汰、大浪淘沙的局面。随着国际国内SMS、彩铃等业务的巨大成功，在世界范围内形成了移动数据增值业务的发展热潮。

4G是英文4rd Generation的缩写，指第四代移动通信技术。它是指将无线通信与国际互联网等多媒体通信结合的新一代移动通信系统，它是手机与上网的结合产物，它能够处理图像、音乐、视频流等多种媒体形式，提供包括高速信息交流、电视电话会议、电子商务等在内的多种信息服务。

4G已经成为不可阻挡的趋势，目前主流4G技术LTE已经进行了测试。4G通信是一个比3G通信更完美的新无线世界，它将创造出令许多消费者难以想象的应用。

4G具有如下特点。

（1）传输速率快

其最大数据传输速率超过100 Mbit/s，是目前移动电话数据传输速率的1万倍，是3G移动电话速率的50倍。

（2）网络频谱更宽

4G手机将可以提供高性能的汇流媒体内容，并通过ID应用程序成为个人身份鉴定设备。它也可以接受高分辨率的电影和电视节目，从而成为合并广播和通信的新基础设施中的一个纽带。

（3）兼容性更好

4G有望集成不同模式的无线通信——从无线局域网和蓝牙等室内网络、蜂窝信号、广播电视到卫星通信，移动用户可以自由地从一个标准漫游到另一个标准。因此，从这个角度来看，未来的第四代移动通信系统应当具备全球漫游、接口开放、能跟多种网络互联、终端多样化以及能从第三代平稳过渡等特点。

2014年4G牌照发放后，出现2G、3G和4G并存的局面，电信运营商、咨询公司纷纷预测移动数据增值业务将迎来持续快速发展的时期，从而扭转ARPU值下降的趋势，并产生未来的"撒手锏"业务，推动电信业走出低谷。

2. 固网

固网是指的固定电话网络，其是相对于移动电话网络而言的。目前，中国的固网公司有中国联通（合并原中国网通后）、中国电信、中国移动（合并原中国铁通后）。

新形势下，固网运营商面临的挑战日益严峻。其一，互联网的蓬勃发展颠覆了传统电信商业模式，整个话音业务被网络电话、E-mail、即时通信等其他通信方式分流的情况越来越严重，尤其是传统长途电话业务受IP电话的打压下已每况愈下；其二，移动话音对固定话音的替代作用日益明显；其三，电信管制放松引发的市场竞争愈演愈烈，再加之新增用户多为低端用户，导致ARPU值不断下跌，增量不增收已成为固网运营商普遍面临的问题；其四，虽然以宽带为重心的数据业务的增长极大超过话音业务，已成为固网运营商新的业务增长点，但其低赢利水平与其占用的巨大网络资源很不相称，宽带业务的价值还有待进一步挖掘。

以上各种风险的存在，导致传统电信固话业务出现"两上升三下降"现象：固话用户离网率上升；零次数呼叫用户数上升；固话业务量增长速度迅速下降；住宅电话数量下降；ARPU（每用户平均收入）下降。所以，在电信市场外部环境发生变化，特别是电信用户的消费习惯和偏好改变时，电信市场结构势必会发生质变。

移动替代固网是通信行业不可避免的趋势，因此固网的萎缩是不可避免的。目前，固网业务收入占整个行业收入的比重为20%左右。固网业务中，固定电话收入下滑较为严重，2013年下滑速度已经超过10%。而传统的宽带接入业务方面，随着4G网络在主要城市的建设完成，4G上网卡对于传统的3G和ADSL业务的竞争逐渐显现。

3. 宽带

随着网络应用的极大丰富，人们对网络带宽的需求也是越来越高。宽带接入的发展也的确为传统运营商带来了丰厚的收益，这已经成为传统运营商未来若干年里面最重要的业务增长点。不论是有线还是无线，宽带是电信业的未来。所以，固网运营商不遗余力地发展宽带接入业务。面对这样的形势，加上最近电信业的重组，如何看待中国宽带数据业务的现状及发展趋势，如何理解并正视存在的问题与面临的挑战，是我们必须解决的问题。

宽带的发展方向包括两方面：无线宽带和光纤宽带。

无线宽带解决的是人们被网线束缚的烦恼，在过去的几年中，宽带接入技术以DSL、

cablemodem、FTTX等固定接入技术为主。近年来，随着Wi-Fi/WiMAX等固定无线接入技术的以及HSDPA等3G增强型技术的逐渐成熟，宽带接入无线化的趋势越来越明显，并将成为未来宽带接入的发展方向。宽带无线接入技术通过无线的方式以与有线接入技术相当的数据传输速率和通信质量接入核心网络。在高速Internet接入、信息家电联网、移动办公、军事、救灾、空间探险等领域具有非常广阔的应用空间。

而以"光进铜退"为特点的宽带改革，推动着光纤通信的发展，让我们能够一次又一次享受网络提速给我们的生活带来的巨大变革。用光作为载波进行通信容量极大，是过去通信方式的千百倍，具有极大的吸引力，光通信是人们早就追求的目标，也是通信发展的必然方向。

虽然中国的宽带接入用户数以年增30%左右的速度发展，但由于人口多、面积大，中国的家庭宽带普及率还有很大的提升空间，面向家庭用户，包括农村家庭用户的宽带接入仍将是今后的业务热点之一。

4. 云计算

云是一些可以自我维护和管理的虚拟计算资源，通常为一些大型服务器集群，包括计算服务器、存储服务器、宽带资源等。云计算将所有的计算资源集中起来，并由软件实现自动管理，无须人为参与。这使得应用提供者无须为烦琐的细节而烦恼，能够更加专注于自己的业务，有利于创新和降低成本。云计算是为用户提供无限计算资源的商业服务，是能够自我管理计算资源的系统平台，是应用服务按需定制、易于扩展的软件架构。云计算概念由Google提出，它不但是新技术的结合，更是一种业务模式的创新。

云计算的基本原理是，通过使计算分布在大量的分布式计算机上，而非本地计算机或远程服务器中，企业数据中心的运行将更与互联网相似。这使得企业能够将资源切换到需要的应用上，根据需求访问计算机和存储系统。这可是一种革命性的举措，打个比方，这就好比是从古老的单台发电机模式转向了电厂集中供电的模式。它意味着计算能力也可以作为一种商品进行流通，就像煤气、水电一样，取用方便，费用低廉。最大的不同在于，它是通过互联网进行传输的。

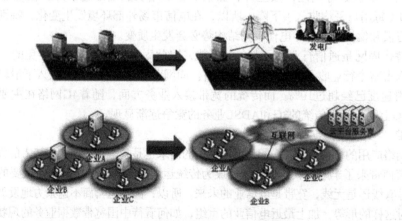

云计算具有数据安全可靠、客户端需求低、轻松共享数据、可能无限多的特点，因此这一技术被大多数的通信企业所运用，它的前景也是相当好的。在我国，云计算发展也非常迅猛。想象一下，以后的电脑不再需要同现在一样：同样的数据，家里保存一份，办公室保存一份，方便随时查用，并要经常更新，或者带着U盘到处跑。随着云计算的普及，以后的数据保存在云中，随着4G网络的不断普及，人们在调用数据的时候，只需联网就可以随时查用数据，十分方便。

5. 三网融合

三网融合是指电信网、计算机网和有线电视网三大网络通过技术改造，能够提供包括语音、数据、图像等综合多媒体的通信业务。三网融合是一种广义的、社会化的说法，在现阶段它是指在信息传递中，把广播传输中的"点"对"面"，通信传输中的"点"对"点"，计算机中的存储时移融合在一起，更好地为人类服务，并不意味着电信网、计算机网和有线电视网三大网络的物理合一，而主要是指高层业务应用的融合。其表现为技术上趋向一致，网络层上可以实现互联互通，形成无缝覆盖，业务层上互相渗透和交叉，应用层上趋向使用统一的IP协议，在经营上互相竞争、互相合作，朝着向人类提供多样化、多媒体化、个性化服务的同一目标逐渐交汇在一起，行业管制和政策方面也逐渐趋向统一。所谓"三网融合"，就是指电信网、广播电视网和计算机通信网的相互渗透、互相兼容并逐步整合成为统一的信息通信网络。"三网融合"是为了实现网络资源的共享，避免低水平的重复建设，形成适应性广、容易维护、费用低的高速宽带的多媒体基础平台，即电信网、广播电视网、互联网分别在向下一代电信网、下一代广播电视网、下一代互联网的发展和演进过程中，网络的功能趋于一致、业务范围趋于相同，都可以为用户提供打电话、上网和看电视等多种服务。三网融合的本质是未来的电信网、广电网和互联网都可以承载多种信息化业务，创造出更多种融合业务，而不是三张网合成一张网，因此三网融合不是三网合一。

三网融合是现代信息技术融合发展的必然趋势。加快推进三网融合，是我国当前和今后一个时期应对国际金融危机的重大举措，是培育战略性新兴产业的重要任务，有利于迅速提高国家信息化水平，推动信息技术创新和应用，满足人民群众日益多样的生产、生活服务需求，拉动国内消费，带动相关产业发展，形成新的经济增长点；有利于更好地参与全球信息技术竞争，抢占未来信息技术制高点，确保国家网络信息安全；有利于创新宣传方式，促进中华文化繁荣兴盛，保障国家文化安全。

"三网融合"后，民众可用电视遥控器打电话，在手机上看电视剧，随需选择网络和终端，只要拉一条线或无线接入即可完成通信、看电视、上网等需求。"三网融合"后，可以更好地控制网络接入商和内容提供商的质量，进一步提高和净化网络环境，这将会为创建和谐社会做出重大的贡献。这样也可以实现中国电视数字化进程的迅速发展。无论在哪里，都可以实现无线上网。

党中央、国务院高度重视三网融合推进工作，将三网融合作为重要任务纳入国家发展战略。近年来，部分城市的广电、电信企业先行开展网络电视、IPTV、手机电视、移动多媒体广播电视、有线电视网互联网接入等试验，受到了人民群众的欢迎，产生了积极的经济效益和社会效益，为在更大的范围、更高层面推进三网融合积累了有益经验。随着三网融合的进一步推进，相信未来这方面的人才缺口会更大。

6. 物联网

物联网的英文名称为"The Internet of Things"，简称IOT。物联网的定义是通过射频识别(RFID)装置、红外感应器、全球定位系统、激光扫描器等信息传感设备，按约定的协议，把任何物品与互联网相连接，进行信息交换和通信，以实现智能化识别、定位、跟踪、监控和管理的一种网络。所以，物联网可以解释为"物物相连的互联网"。我们可以从两个层面来理解：第一，物联网的核心和基础仍然是互联网，它是在互联网基础之上延伸和扩展的一种网络；第二，其用户端延伸和扩展到了任何物品与物品之间，进行信息交换和通信。

随着通信技术的不断发展进步，设想下，未来的某天，你在超市选了一把青菜，只需要去扫描下，就能够马上知道青菜从选种子一直到施肥收获的整个过程，甚至施的是什么肥料，进行过怎样的卫生安全检疫，是否绿色，是否新鲜，这些信息都能马上了解到。又或者你在上班，可以通过网络，控制家里的洗衣机自动启动，控制家里的窗帘打开等操作。可以这么说，互联网是人与人通过网络相联，物联网则是在人的指令下实现物物相通。

那么，究竟物联网的基本原理是什么呢？如果说互联网是通过网络设备和网线实现人与人互联的话，那么物联网就是把物品通过二维码、射频识别、卫星定位、红外扫描、传感器等信息传感设备，与互联网连接起来，实现人对物的智能化识别和管理。

物联网究竟离我们还有多远？其实到现在，实现物联网的技术已经不成问题，我国目前已经具备建立物联网的硬件条件，无论是乡村还是城市，都已经实现有线和无线的网络覆盖，手机和电脑让我们随时随地能够通过网络进行沟通交流，互联网已经成为我们生活中不可缺少的一部分，而无线网络是物联网中必不可少的基础设施，安装在动植物或机器设备上的电子介质能够将产生的数字信号随时随地地通过无线网络传送出去。尤其是"云计算"技术的应用，使得数以亿计的各类物品的实时状态管理变成可能。

随着计算机的普及，以及手机通信技术的不断发展，物联网也会在通信行业中引起新的信息技术革命，人们的生产生活也将发生再一次重大的变革，这对于发展陷入迟缓的世界经济是强有力的推动力，相信在各方面的共同努力下，新一代的信息技术，包括物联网在内，必将会对中国以及全球的经济发展起到积极的推动作用，为通信产业开拓又一个潜力无穷的发展机会。

第4节　就业形势现状

1. 就业政策解读

去基层工作	到企业上班
参与科研	自主创业

（1）去基层工作

国家和地方有关部门近来陆续出台政策，鼓励和引导高校毕业生到基层工作。具体就业渠道包括选聘大学生到村担任村干部，参加"三支一扶"计划、"大学生志愿服务西部"计划，选调优秀大学生到街道和社区工作等。青年大学生朝气蓬勃、思想活跃，历来是思想解放的先锋，素有开风气之先的光荣传统。因此，当代大学生要走在解放思想的前列，站在改革开放的前列，就要"到基层去建功立业"，在最困难、最艰苦的地方大显身手，在不懈奋斗中历练人生。基层实践是青年大学生建功立业的"磨刀石"。越是条件艰苦、困难较多，越能磨炼人的意志，越能培养吃苦耐劳、坚忍不拔的品质和作风。有句俗话说得好，"刀不磨不快，玉不琢不光"。青年大学生只有不断在基层的实践中"打磨"，才能真正成为国家的栋梁之才。青年大学生到基层去建功立业，既符合人才成长的规律，又顺应了党的事业发展的需要，是我们党人才工作的成功经验之谈。

实践出真知，实践长才干。青年大学生在推进社会主义现代化建设的伟大事业中要有所作为、建功立业，只能到这一伟大事业的实践中去；检验青年大学生在基层工作有没有作出贡献、作出多大贡献，也必须用实践这把尺子来衡量。因此，青年大学生要认清时代的要求，认清党和人民寄予的希望，认清肩负的历史重任，朝气蓬勃、满腔热忱地到基层、到生产一线和艰苦的地方去经受考验、成长成才，只有这样才能获得组织上的最大的信任和人民群众真诚的拥护，也才能大有作为。

（2）到企业就业

大部分毕业生毕业后都选择去企业就业，特别是去一些大型企业和有名的外企就业。企业一般需要两类专业人员，即管理人员和工程技术人员。在管理人员需求方面，根据管理工作的特点，企业对毕业生的社会活动能力一般比较重视。有些处于起步阶段的企业，甚至把大学生的社交能力作为选聘的主要条件。此外，企业还常常考察毕业生的决策分析能力、开拓创新能力等。在工程技术人员方面，由于他们承担着解决生产过程中的技术难题和开发新产品、转移生产方向等艰巨任务，从企业近年接受大学毕业生情况看，企业对毕业生有两个显著的要求：一是要求有较强的动手能力和分析问题能力；二是眼睛向下，向实际学习，向工人学习。

目前国家出台了一系列政策鼓励大学毕业生到中小企业和非公有制企业就业，激励大学毕业生在中小企业和非公有制企业这个舞台发光发热。中小企业和非公有制企业需与其招用的高校毕业生签订劳动合同并按规定参加社会保险，根据需要也可委托公共就业（人才）服务机构为其代办社会保险事务。同时，对招用就业困难高校毕业生，签订一年以上劳动合同并缴纳社会保险费的中小企业和非公有制企业，按规定给予社会保险补贴。可见，大学毕业生到中小企业和非公有制企业就业不失为一个明智的选择。

（3）参与科研项目

现代科研活动是一种跨学科、多层次、综合性、创新性的复杂的社会活动，对生产力的推动作用巨大。因此，科研活动特点决定了从事这项活动的人员应该具有扎实的、比较全面的基础知识和专业知识，并尽可能富有创造力和分析能力。科研单位选择毕业生时，要求其学校成绩优秀，头脑敏锐，善于独立思考和钻研问题，并且外语水平也要求较高。

与此同时，科研是大学生创新与创业的最好平台，大学毕业生在这个舞台上完全可以做出一番成就，对于以后的发展大有裨益。

（4）进行自主创业

随着中国经济的蓬勃发展，中国正慢慢成为全球的商业沃土和创业乐园。国家相继出台了一系列鼓励大学生创业的政策法规来缓解就业压力，大学生创业环境得到明显改善，大学生创业人物不断涌现。大学生创业的主要类型有以下几种。独立创业，即创业者个人或创业团队，白手起家完全独立地创建企业的活动。母体脱离形式，即公司或企业内部的管理者从母公司中脱离出来，新成立一个独立公司或企业的创业活动。母体分离是常见的一种创业现象，一般在产品生命周期的早期，新兴行业及进入壁垒低的行业比较容易发生母体分离创业。母体分离的成功率比较高。企业内创业，通常是由一个企业内的具有创业愿望和创业愿望的员工发起，在组织授权和资源保障等支持下，由员工和企业共担风险，共享创业成果的创业形式。

大学生创业的几种基本模式包括注册创建小型公司、依托或加盟创业、创建工作室或开小店面，以及利用互联网进行创业等。

目前，中国青年创业大多面临两大难题，即项目与资金。

那么，什么样的项目最适合青年创业呢？青年创业项目应至少满足以下4个条件。

①项目提供方能够给青年提供完善的运作系统支持

创业青年缺乏运作管理经验，在创业时若无完善的创业指导，则其在运作时必将因缺乏经验而招致挫折。

② 有一个为青年创业者提供支持、帮助的组织

青年创业时，往往是在项目提供商的鼓动下，凭一时激情进行创业。这样，一旦失败，创业者将不仅蒙受经济上的损失，其信心也将会受到严重打击。若有一个组织尤其是官方组织为创业青年提供支持与帮助，则即使创业失败，其也将获得组织的关怀。

③ 投资金额不大，且有可靠的退出机制

青年创业的最主要目的应该是积累经验、积累人脉、积累资金。在其投资时，投资金额不宜过大，且要有可靠的退出机制。这样，才能确保青年创业的风险降到最低点。

④ 有可靠的资金支持

青年创业时，往往是向亲友借钱，在青年无成功经营经验的情况下，向亲友借款很难成功。如果有机构能够为创业青年提供创业贷款，则其获得亲友支持的可能性将增大。

2. 就业数据分析

（1）国内大学生就业现状

2010年全国普通高校毕业生人数达631万人，2011年高校大学毕业生人数达660万，2012年高校大学毕业生人数达680万，2013年高校大学毕业生人数达699万。这一人数预计2014年将突破700万。随着高等教育扩招的影响，就业压力逐年增加，加之全球经济不景气、我国GDP增长放缓等影响，这对我国的大学生就业工作产生了巨大的影响，所有毕业生都需要及时调整就业观念，树立正确的就业心态，只有这样才能在新的就业形势中摆脱被动的局面。

① 用人单位需求量减少，用人标准提高

2013年就业市场整体不景气，企业裁员风潮不断涌现，被称为"史上最难就业年"，许多单位都打着提高效率、确保发展的旗帜，减少新进员工计划，造成用人需求减少，有些高校的校园招聘显得冷冷清清，不但部分以往的招聘大户缩减了招聘人数，甚至有企业取消了校园招聘计划。同时，持续增长的毕业生人数，让许多有招聘计划的企业，尤其是岗位质量较好的企业，有了更多的选择余地，面对庞大的就业大军，提高用人标准成了许多用人单位的第一选择。

② 实习期间起薪较低，竞争日趋激烈

随着高校毕业生大军的持续扩张，毕业生实习期间的起薪却有所下降。根据麦肯锡公司的最新报告，2013年我国高校毕业生的实习起薪较2012年同期降低了5%，同时，毕业生的实习离职率提高了近10%，这说明企业在选择高校毕业生的时候越来越重视毕业生的综合素质，不再是以往的粗放式的招聘，越来越趋向于理智地招聘合适的毕业生，刚毕业的大学生面临着来自各方面的压力和竞争。

③ 专业设置与社会需求脱节，供求不均衡

近年来，由于就业环境的变化，许多大学盲目追逐热门专业，致使专业趋同现象十分严重。许多考生及家长盲目跟风选择专业，导致许多学生在毕业时才发现自己所学专业社会需求并不旺盛，社会急需的人才高校培养不出来或者很少，社会不太需要的又供大于求，导致许多毕业生一毕业就改行，造成资源的浪费。

（2）通信行业毕业生就业现状

相比于其他专业来说，通信类专业受到金融危机的冲击相对较小，就业形势没有其他行业那么严峻。伴随着通信技术的不断发展，通信行业的人才需求也日益旺盛，特别是近几年随着3G、IT等方面技术的日益成熟，通信行业的毕业生往往供不应求，通信行业的就

业率也比其他行业的就业率稍高。因此，总的来说，通信行业毕业生这几年的就业情况还是比较令人乐观的，以下是近几年就业方面的数据。

2010—2013年，中国通信产业年增长率分别为19%、25%、34%，远高于20世纪90年代12%的年均增长速度。与此同时，通信行业毕业生的就业率一般稳定在80%左右，并且就业率有着不断增长的良好趋势。但是，另一方面，众多通信行业企业不断调整自身以适应行业发展和产业变革，这对从业人员的素质要求不断提高。就业由卖方市场转入买方市场，面对蜂拥而来的求职大学生，用人单位普遍提高门槛和降低起薪。一些用人单位过分强调英语证书、通信行业证书，"优中选优"；一些用人单位盲目要求应聘者本科以上学历，3年以上行业工作经验；一些用人单位单方面延长毕业生就业试用期，通信行业市场上起薪大幅下降。从这些方面来说，通信市场也对我们毕业生提出了更高的要求，要求我们的毕业生学到真正的技术、真正的实践动手能力。

因此，我们的通信类专业毕业生要在学校学到真技术，学到真正的通信行业所需要的技术。只有不断增强自己的动手实践能力，才能在将来的激烈竞争中立于不败之地。

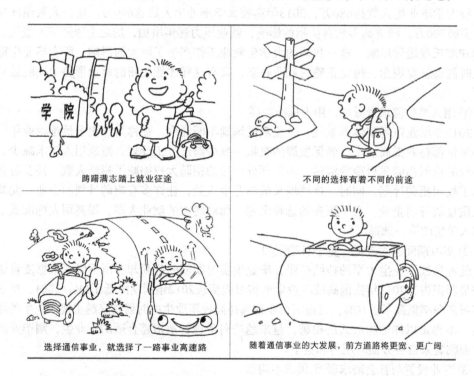

踌躇满志踏上就业征途	不同的选择有着不同的前途
选择通信事业，就选择了一路事业高速路	随着通信事业的大发展，前方道路将更宽、更广阔

（3）未来通信行业就业市场发展的展望

随着通信大发展，展望未来，我们认为主要有以下十大趋势："新三国"的局面巩固，并分化为两大阵营；3G增值业务进入高速发展期，增值业务种类和应用范围将进一步扩展增多，增值业务爆发的基础进一步巩固；三网融合取得突破性成就；统一通信得到广泛应用，个人、企业普遍接受统一通信的理念并实施于工作生活之中；电子支付和电子商务迎来新的发展期；有线宽带进一步扩充；WLAN网络覆盖全国，成为普遍服务的一部分，并得到国家政策扶持，成为国家信息化战略的重要组成部分；语音收入进一步下滑，表现在总时长和收入两个方面；网站进一步整合，成熟的门户网站集中化，效率低、流量小的网站快速被兼并和倒闭；以中国移动为主导的4G（LTE）在中国试商用范围进一步扩大，3家运营商均推出4G产品。

由此看来，中国通信行业未来发展空间前景广阔，在经济危机重重包围下，中央拿出5000亿用于4G网络建设，4G牌照的颁发，通信产业的改革带来50万的人才缺口。为了通信事业的发展，国家加快了4G网络工程建设步伐，网络基础建设、设备测试与调试、硬件维护、传输等硬件方面的人才紧缺。国内外顶尖的通信设备提供商及运营商（中国移动、中国联通、中国电信、中兴、大唐、华为、西门子等）也在紧急招聘大量4G的网络建设人才。可以说，未来通信行业就业市场是非常火爆的，我们通信行业的毕业生也必将供不应求。

但是另一方面，由于大学生扩招，造成了"僧多粥少"的局面，再加上金融危机的冲击，这一切都严重影响了通信行业毕业生的就业。因此，通信行业毕业生要坚决避免眼高手低、心浮气躁的毛病，不要对工资薪酬期望太高，同时要不断加强自己的动手实践能力，只有这样才能在未来的通信市场竞争中脱颖而出。

案例 7 了解企业架构，把握发展机遇

中国电信集团公司是按国家电信体制改革方案组建的特大型国有通信企业，于2002年5月重组挂牌成立。原中国电信划分南、北两个部分后，中国电信下辖21个省级电信公司，拥有全国长途传输电信网70%的资产，允许在北方10省区域内建设本地电话网和经营本地固定电话等业务。重组后的中国电信集团公司由中央管理，是经国务院授权投资的机构和国家控股的试点。资产和财务关系在财政部实行单列。中国电信集团公司注册资本1580亿元人民币。目前主要经营国内、国际各类固定电信网络设施，包括：本地无线环路；基于电信网络的语音、数据、图像及多媒体通信与信息服务；进行国际电信业务对外结算，开拓海外通讯市场；经营与通讯及信息业务相关的系统集成、技术开发、技术服务、信息咨询、广告、出版、设备生产销售和进出口、设计施工等业务；根据市场发展需要，经营国家批准或允许的其他业务。中国电信集团公司继续拥有"中国电信"的商誉和无形资产。

评析

作为一个国有大型企业，中国电信在全国各个大中小城市都有其分公司，而不同分公司往往用人标准、薪酬福利也都不一样。

作为通信运营商，其下属部门包括行政管理、财务管理、人事管理、市场营销、运行维护、客户服务等部门，因此其需要的人才也会包括行政管理、财务管理、人事管理人员、技术服务人员、营销服务人员等。

不同的部门也会有不同的岗位，以运行维护部而言，作为技术部门，可能会包括程控交换、无线、基础网络、互联互通等不同的岗位，而不同的岗位对于专业、技能要求也都不一样，今后的发展通道可能也会存在区别。

中国电信作为上市公司，为了节约企业成本以及由于上市公司对于人员编制的限制要求，往往会同时存在在编人员和劳务派遣合同工两种用工性质。

很多同学在设想今后的就业时，很多时候只是简单地想今后要进入中国电信，却很少去明确地设想自己今后是要去往具体哪个地市分公司，也不明确进公司后是要进入什么部门，更加不明确自己究竟是希望从事什么样的工作岗位。

课后习题

1.请分析和整理你所学专业可能的就业方向。

你所想专业：

你所了解得就业方向：

2.你理想的工作环境，理想的公司，理想的岗位是怎样的？他们的招聘条件是什么？你具备多少？（可以利用网络查询信息，最好去人才市场走走，你会有不一样的收获）

你理想的工作环境：

理想的公司：

理想的岗位：

他们的招聘条件：

你具备多少：

3.你打算如何弥补不足？请修改你的大学规划表。

CHAPTER

3

准备

古人说：工欲善其事，必先利其器。

在竞争激烈的社会里，凡事有计划，有准备必将事半功倍，取得傲人的成绩。

作为学生，我们必须利用在学校的好时光，提前练好自身本事，从专业、技能、心理、个人定位等方面做好充足的准备。

有了这些准备，我们才能主动地去了解社会、认识社会，增强自身在就业时的竞争实力。

  2~3年以后，我们即将走上工作岗位，很多人直到就业时才发现自己知识和能力距离应聘单位的需求存在很大的差距，而很多在校大学生却又对用人单位的需求知之甚少。本章通过告诉大学生企业招聘时需要的人才应该具备哪些能力，帮助学生分析自己，为了能够满足用人企业的需求，进而提升自身素质能力，使学生能够准确定位，认准自己的道路。

我们先来看一张图片。

2010年某大型招聘会现场

  上面展示的图片是当前大学生就业的一个真实写照。面对火爆的就业市场，往往一个岗位会有几十甚至上百人争得"头破血流"。长沙某通信类学校，在2009年招聘班级辅导员时，其招聘信息仅仅在学院网站上挂了两天（两天后删除），没有通过任何人才机构，面试者就达到了400多人，其中八成以上是研究生以上学历。就业市场的火爆，使得用人单位有了更大的挑选余地，很多时候已经远不是"百里挑一"，甚至达到了"千里挑一"，所以用人单位的用人条件也自然水涨船高。

  用人单位的录用标准大致可分为两大类：综合素质要求和职业能力要求。下面我们就分别讨论职业素质和职业能力分别应该包含哪些内容。

第1节 综合素质提升

假如我们自己就是企业负责人事招聘的考官，面对下表中的两个面试者，你会如何评价？

1号面试者	2号面试者
1.身高172厘米，体重60千克	1.身高174厘米，体重90千克
2.喜欢足球、篮球、游泳等运动项目	2.不喜欢运动
3.注重社会贡献	3.过分看重薪酬待遇
4.团队合作精神较差	4.敬业精神较差，鄙视体力劳动，不愿从基层做起
5.知识面较为狭窄	5.兴趣广泛，热爱阅读
6.动手能力强	6.学习能力强，专业知识扎实

以上内容其实分别对应身体素质、思想素质、心理素质、外在素质、文化素质、专业素质6个方面，那这6个方面的重要性如何呢？

1. 身体素质

身体素质是人的劳动能力的基础，直接反映了人体从事某项工作的能力，反映了身体承受负荷的状态。良好的身体素质是到企业工作的重要前提，用人单位在招聘时，都要求应聘者有良好的身体素质。如果找工作的人身体不健康，常常会被拒之门外。教育部印制的就业协议中也有提到："学校应在学生毕业前安排体检，不合格者不派遣，本协议自动取消，由学校通知用人单位……"所以，应聘者必须有一个健康的身体，保持旺盛的精力，才能胜任未来的工作岗位。不同的职业对劳动者的身体素质会有不同的要求。例如，通信监理、通信施工、基站维护等劳动强度大的职业，对力量、耐力、平衡、柔韧性要求较高；网络布线工程、通信设备研发需要长时间伏案工作，对于腰背力量、颈部肌肉力量要求较高；无线网络优化和通信线路施工可能需要经常登高或者爬通信铁塔等，更要求有良好的身体素质，甚至对于视力等也会有相应要求。毕业生首先应该弄清用人单位对从业者生理素质的要求的是什么，以便确定自己的务工意向。

毕业生在就业之前应按照相关部门的要求做一次身体检查，以衡量自己身体状况与用工条件的适合程度。如有色盲，就不要从事与颜色打交道的工作；四肢有疾患，就不要做搬运等重体力劳动；如果身体患有慢性疾病、传染疾病，或是身体很虚弱，医生认为不宜务工时，最好治疗疾病，先调养身体，暂缓就业。因为，有以上这些情况的人的体质是没有办法适应务工过程中的奔波和劳累的，而且可能导致病情加重，得不偿失。

2. 思想素质

用人单位在招聘时，通常喜欢问及薪酬或者个人得失方面的问题，以此来考查毕业生的金钱观、价值观。奉献精神、服务意识在当今社会显得越来越可贵。通常每个企业都更愿意招聘具有良好思想素质的人。在当今社会主义市场经济条件下，市场作用越来越大，但不能把它作为人生价值观的核心。拜金主义会产生腐败和社会丑恶现象。正确对待金钱，多贡献，是对当代大学生价值观的要求。毕业生在就业的时候不能一味强调薪酬福利，而应该更多地将目光投向个人发展空间和社会贡献。

3. 心理素质

通信行业是一个朝阳产业，但是任何行业的末端工作都是非常辛苦的，毕业生刚刚走出校门，缺乏实际工作经验，往往只能够从这些基础工作做起。

曾经某通信院校的毕业生一行几十人到深圳某通信公司工作，在实习的6个月里，公司只提供给每人每个月600元的生活补助。深圳的消费较高，一个盒饭要8~10元，再算上交通费、通讯费，一个人600元/月根本不够。当时有些同学觉得吃不消，或者与理想相去甚远，于是放弃了。但是其中有些毕业生把这一切当成是公司对自己的考验，将当前的困难当做是对个人成长的一种磨炼。他们觉得父母把自己培养到大学毕业不容易，不好意思再向家长要钱，为了解决吃饭问题，于是他们将生活费凑在一起，几个人每天派一名同学到楼下快餐厅买些白米饭，然后到超市买点白糖、辣椒酱，就这样坚强地度过了6个月。坚持下来的他们赶上了公司全省管线改造的全面施工，在学校和前面工作中积累的工作经验让他们出色地完成了上级任务，最终他们全部走上了中层以上管理岗位。

由于缺少有意识的艰苦磨炼教育、承受挫折教育、适应环境教育、正确处理人际关系教育等心理素质的强化教育，一部分学生心理非常脆弱，远不适应竞争的环境，这就给高校教育和大学生自身提出了增强心理素质的艰巨任务。因为用人单位需要的不是温室的花朵而是企业坚强的脊梁！

4. 外在素质

外在素质其实是内在文化的一种外化。从这个角度说，注重外在素质，更得重视内在的文化。比如，团队精神就是一种外在素质的体现，团队精神越来越被重视，一个人再怎么能干，也只是一个人的力量，一个部门是一个团队，一个企业也是一个团队，当大家达成一致的共同利益时，就能够团结一致，产生1+1>2的效果。正如一个水桶，如果其中的一小块木板没有拼好，就会影响整个水桶的盛水量。而团队中，具有良好的沟通能力和亲和力至关重要。因此，我们在学校时就应该重视人际交往和团队合作能力的培养。很多大学生在求职就业过程中表现出的一个突出问题就是好高骛远，心不在焉地工作，总是希望可以找到一个工资更高、环境更好而又不那么累的工作，以这样的心态持续下去，往往只能够浑浑噩噩地消耗光阴，不可能有什么大作为，甚至面临随时可能被辞退的危险。

5. 文化素质

文化素质常又被称作人的文化素养，它是知识、能力、观念、情感、意志等多种因素综合而成的一个人的内在品质，是人格、气质、修养等几方面的集中体现。孔子说过："君子和而不同，小人同而不和。"文化修养较高的人虽然各有自己的个性，大家在一起却很和谐；小人没有自己的个性，在一起却不能和谐。这话多深刻，对我们待人、处理人际关系很有启发。大多数情况下我们会更愿意与君子为邻还是与小人为伍呢？相信大家都会选择前者。孟母三迁的故事告诉我们一个良好的环境对于个人成长是多么重要。所以，用人单位在招聘的时候，通常也会仔细筛选文化素质高的员工，这样更有益于企业文化氛围的营造。

6.专业素质

　　企业越来越要求员工有扎实的专业基础、较宽的知识面和较快投入工作的动手能力。专业基础很重要，然而很多同学却不重视所学的课本知识。可是专业知识毕竟是基础，如果基础不打牢，就很难提高。专业素质也体现在知识面的宽泛程度上，而知识面的拓展，必须依赖于多看书，不仅专业书籍要看，还要看与专业相关，甚至是不直接相关的专业书。通信行业中最重要的就是全程全网的概念，做交换的如果没有传输和无线的概念很难成为一名优秀的交换技术人员；做无线的，很多时候遇到故障，从无线入手很难发现问题，但是从传输和交换寻求帮助的话，往往会收到事半功倍的效果。而动手能力，更是学生毕业后很重要的一种能力。这需要平时的实践积累，所以对于我们各个专业所开设的实践课程，学生一定要认真学习。

评析

　　我们再次对比前面提到的两位面试者，在身体素质方面，无疑1号面试者占有优势。一个热爱运动、体形匀称的人和一个不爱运动、体形肥胖的人站在一起，爱运动的人肯定会更有朝气和活力。在思想素质方面，1号面试者注重贡献，2号面试者强调自我。在外在素质方面，两名面试者都有自己的缺点，一个团队合作精神差，一个敬业精神差。在文化素质方面，2号受试者热爱阅读，兴趣广泛，会更有优势。在专业素质方面，两者各有特点，一个动手能力强，一个理论知识扎实，会显得后劲更足。如果我们是面试考官，可能会不由地想：如果两个人能够互相取长补短多好。这两个应试者，各有各的问题，但是很多方面是可以改变的，大学3到4年的时间其实给了大家充足的时间去提升自己，去改变自己，与其在毕业的时候才发现自己该学会的技能没有学会，该掌握的知识没有掌握，为什么我们不能够现在开始就把这些知识和技能掌握牢靠呢？文化素质的提升不是朝夕之间可以做到的，但是我们却可以通过阅读，通过社会积累去丰富和完善。心理调节能力是一门很大的学问，现在多数学校已经开设了心理课程，我们完全可以通过自我心理调适来提升自己的情商水平。如果我们抓紧大学的时间，好好地完善自己的综合能力，那当我们综合素质提升以后，就业时，很多原有的缺点都可以变成竞争的利器。

第2节 职业能力提升

1.择业观念

（1）职业无贵贱之分

我们一定要确立行业无贵贱的职业观，不能重此轻彼。在考虑就业的时候，既要思考"我想干什么"，也要想清楚"我能干什么"，更要考虑"市场需要什么"。而且，我们必须清楚地知道只有顺利就业了，才会有机会实现自我价值。一位著名的管理学大师说过：只有一流的企业才能够网络一流的人才。这句话扩展开来，即只有让自己成为一流的人才才有机会进入一流的企业。相信每个人都想找一份好工作，但是好工作往往也会挑选与其匹配的人才。一方面我们要认识到职业无贵贱之分，另一方面我们要努力提升自己，让自己成为拔尖的人才。只有这样才能找到更好的工作。

（2）人在流动中增值

俗话说，"树挪死，人挪活"，"穷则思变"，"人往高处走，水往低处流"，"就是吊死，也要找一棵大树来吊"。我们必须打破自己已经熟悉了的习惯，勇敢地走出这个熟悉的环境，寻找新的机遇和挑战。就如商品通过流通实现增值一样，人才也会通过流动实现增值。在市场经济条件下，企业以市场为导向，市场需要什么企业就生产什么，就配备什么样的人才，因此，人才流动是人才市场发展的必然现象。我们要克服求稳定、怕风险、希望就业一步到位的传统观念，择业、就业的过程中"骑驴找马"是非常常见的做法，当然这不是说让大家带着这山望着那山高的心态去工作，而是不要错失工作机会，任何企业、任何公司都有值得学习，可以让人成长的机遇，关键在于我们是否具备一双慧眼。

（3）合理把握期望值

人潮汹涌的招聘会上	苛刻的要求使人失望
但面对生活的压力	还是先就业再择业，解决生存最重要

高等职业教育以培养有一定专业知识、一定技术水平、一定动手能力的高素质劳动者为目标。

毕业生一就业就要面对现实，客观评价自己，不要一味追求白领工作，不要渴望一就业就能获得很高的薪酬。有些毕业生能够放低身段，降低期望值，往往只是为了更快地找到一份工作，然而，强烈的企图心会帮助他们在企业更快地成长，在很短的时间内走上管理层岗位。好的岗位工资待遇高，但是要求也会更高。比如，某通信优化公司的人才招聘，历年来的毕业生就业薪酬都是4000~6000元/月，于是异常火爆，但是公司往往只挑选那些英语水平最好、专业知识最扎实的人才。我们不能只看中薪酬待遇的高低，更应该看重的是企业的上升机会、学习空间、成长环境等。

很多人总喜欢把过多的时间和精力投在一些与自己实际情况相差较大的工作岗位上，是的，好的工作确实比较吸引眼球，但是我们如果在一个不切合自己实际的地方浪费太多时间、精力，是得不偿失的。所以，我们不妨试着先降低就业期望值，在毕业之初，将目标投向成长机会，这样才不会有太多的失落，也更利于成功就业。

（4）先就业，后择业

我们必须看到有些人还没有机会、条件去分析、判断工作是否适合自己，当然也不是说可以盲目择业，因为盲目择业等于不择业。我们一定要正确对待专业对口问题。先就业的人，也许并不适合目前的工作，但是却可以在工作中积累一定的工作经验，即便以后的工作中有些技能不能直接使用，但是一些通用的能力如协调能力、学习能力、沟通能力及积累的人脉关系等，会让他们受用一辈子；而通过先就业，在职场一番跌打滚爬后，也会逐渐了解自己真正想要的是怎样的工作。从普通的工作岗位干起，从平凡的小事做起，虚心向前辈及有经验的人学习，才会逐步实现自己远大的理想。对职业生涯的深入认识，将有助于接下去的择业。

（5）要自信，勇于竞争

由于受传统思想和现有教育模式的约束，很多毕业生缺乏竞争意识，不敢竞争，也不善于竞争。但随着社会主义市场经济的完善，一切都以市场为导向，要想成功就业就必须敢于竞争，善于竞争。越来越多的用人单位的择人标准由过去的一味追求高学历变得越来越理性，毕业生既要有忧患意识，又要充满信心，因为每个人都肯定有自己的竞争优势。

毕业生只有克服传统的就业观念的不足，努力培养适应新形势的就业观，才能成功地从学校走向社会。

2. 适应能力

（1）独立生活能力

这是高职院校所培养的毕业生最起码的能力。大学生活中相对其他适应能力，独立生活能力最为重要，学生一毕业离开学校，能不能很快适应新环境，能否独立思考、面对、解决问题变得异常关键，因为社会与学校不同，对于习惯了在家靠父母，在校靠老师、同学的毕业生而言，自我意识很强而独立生活能力不足的现象时有发生，这就要求同学们在学校的时候必须加强独立能力的锻炼，独立完成自己可以单独完成的任务，养成独立思考和独立学习的习惯。

（2）社会与合作能力

随着社会的不断进步，科技的日益发展，社会化不断提高，人与人之间、上下级之间、单位与单位之间、地区与地区之间、国与国之间的交往与合作日益频繁，相互之间的关系也日趋复杂。很多任务和工作也变得日益复杂，不再只是一两个人单独埋头作业就可以完成的了，更多的工作需要的是社会分工和合作。因此，要想在错综复杂的社会关系网中生存，就必须培养良好的团队合作精神。个人能力再强，如果不能与团队其他成员共事，也是不会受用人单位欢迎的。所以，很多用人单位在招聘时，会特别关注应聘者的礼仪知识，并喜欢以此提问。比如，"你们3人同时开发一个项目，你在较短时间内完成了自己的工作，而你的其他组员们还在艰难地进行，你会怎么做？"。我们在日常的生活工作中，要学会正确处理人与人、人与事之间的关系，要做到既不损害原则，又能促进事业成功。这是一门极深的学问，每个毕业生都应该给予足够的重视。

3. 实践能力

现实生活中，尤其是科研、生产第一线，毕业生的实际动手能力的强弱，将直接影响到人的才能和作用的发挥。现在一方面是学生觉得找工作很难，一方面是用人单位感叹招到一位有用的人才好难，出现这种情况的一个主要原因就是学生的动手能力很差，离用人单位的岗位要求距离较大。所以，广大毕业生必须着力提高自己的实际动手能力。一个人如果学术功底很扎实而动手能力却不强，那他是不会有较大的发展前途的。

案例8 理性职业规划，巧解职场危机

　　杨某是一家知名IT公司的程序员，2001年毕业于某通信院校通信工程专业，当年正是IT业风起云涌的时候，一个班的同学很快就被全国各大知名IT公司瓜分完毕，根本没有自己艰难找工作的感受，到哪都极为抢手。

　　待遇好，行业社会地位高，出去只要说自己是××公司的，大家都另眼看待：青年才俊啊！杨某进公司半年，又被派到西班牙交流工作3个月。这3个月，他趁机游览了大半个欧洲，着实开了眼界。公司平时福利待遇也极佳，年假双休一点都不克扣，还经常有些贴心的小礼物发放。看看社会上有些职业人的惨状，他和同事们心里都充满了庆幸和优越感，动不动相约出国自助游，挂在嘴边的是"品位"、"格调"之类的字眼。

　　舒服日子过了两年，2003年年底，杨某的编程工作已经做到了极度的职业疲劳和职业厌烦阶段，行业发展没前几年红火，工资还是刚进来时的价位，这点钱生活还可以，可随着时间增长，他也有了买房买车的想法和压力。受个人能力所限，眼看在公司内自己又没有升级做管理工作的可能，他迫不及待地想要转行或跳槽。

　　恰在这时，有猎头公司找上门，请他到一家小的软件公司做，薪水可观，另有升职做经理的机会。他没来得及多想，一纸辞职报告交上去，简单收拾了一下自己的东西就投奔了新东家。让他没想到的是，新公司的品牌知名度低，市场开拓不够，自己不但要做技术工作，还要做销售工作，而他的性格特质并不适合做销售工作。销售情况不好，小公司的业绩一下子就拉了下来，他感觉自己的薪水难保，更让人受不了的是在新公司，每天都要拼命加班，还没有加班费，本来做着跳槽加创业美梦的他，甚至开始为以后的生存担心……

　　焦虑、迷茫，他不知道自己接下来该怎么办，是继续在现在这家公司做下去，等待好的转机，还是再找机会回到以前的公司？他开始看不清自己的发展方向。

评析

　　以往优越的待遇收入和工作环境，使很大一部分白领人士对人力市场的变化和行情处在无知和盲目状态，自我感觉良好，殊不知职业市场早已风云变幻。要想保证自己在以后几十年的职场上不断充实、提高，保持好的"钱"景，需要有较高的"职商"支撑。

　　职场人士若钻在职业的"象牙塔"内，职商低下，没有科学理性的职业定位和职业规划，那等待他们的将只有末路穷途。职场如战场，稳定的高薪工作来自稳定的职业竞争力，而不是曾经风光的职业经历。跳槽既是机会，也既有可能引来危机。

第3节 自我认知与定位

1. 如何正确认识自己

乔治·萧伯纳说过："征服世界的将是这样一些人：开始的时候，他们试图找到梦想中的乐园，最终，当他们无法找到时，就亲自创造了它。"职业对大多数人而言是生活的重要组成部分。它既不像家庭，成为我们出生后固有的独特社会结构，也不像货架商品，可以供我们随意挑选。它更像一位朋友。

面对严峻的就业形势，我们有必要按照职业生涯规划理论加强对自身的认识与了解，找出自己感兴趣的事物，确定自己的优势所在，明确自我人生目标，也就是给自我定位。通过自我定位来规划人生，明确"我能干什么"、"我有什么机会"、"我选择干什么"等问题，使理想可操作化。

发现自身的优点　　　　　　　　　　正视自身的不足

客观地认识你自己　　　　　　　　　在工作中发挥自己最大的潜力

（1）明确自身优势

首先是明确自己的能力大小，给自己打打分，看看自己的优势和劣势，这就需要进行自我分析。定位，就是给自己亮出一个独特的标牌，让自己的才华更好地为招聘单位所了解。对自己的认识分析一定要全面、客观、深刻，绝不回避缺点和短处。

① 我学到了什么

在校期间，我从学习的专业中获取些什么收益，参加过什么社会实践活动，提高和升华了哪方面知识。专业也许在未来的工作中并不起多大作用，但在一定程度上决定自身的职业方向，因而尽自己最大努力学好专业课程是生涯规划的前提条件之一。不可否认，知识在人生历程中有着重要作用，特别是在知识经济日益受到重视的今天，努力学习知识总有一天会得到令人满意的结果。

② 我曾经经历过什么

即自己已有的人生经历和体验，如在学校期间担当过学生干部，曾经为某知名组织工作过等社会实践活动，取得的成就及积累的经验，获得过的奖励等。经历是个人最宝贵的财富，往往从侧面可以反映出一个人的素质、潜力状况。对一个应聘者来说，经历往往比知识更为重要，因为许多事情只有经历过，才会有深刻体会。

③ 我最成功的是什么

也许我们做过很多事情，但最成功的是什么？究竟是怎么成功的？是偶然还是必然？是否是自己能力所为？通过对最成功的事例进行分析，可以发现自我优秀的一面，譬如坚强、果断、智慧超群。寻找职业方向，往往是要从自己的优势出发，以己之长立足社会。

（2）发现自己的不足

① 性格的弱点

人必须正视与生俱来的弱点，尽量减少其对自己的影响。譬如，一个独立性强的人会很难与他人默契合作，而一个优柔寡断的人绝对难以担当组织管理者的重任。卡耐基曾说："人性的弱点并不可怕，关键要有正确的认识，认真对待，尽量寻找弥补、克服的方法，使自我趋于完善。"所以，我们自己一定要先安下心来，多与别人交流，尤其是与自己的父母、同学、朋友等交谈，看看别人眼中的你是什么样子，与你的预想是否一致，找出其中的偏差，这将有助于自我提高。

② 经验与经历中所欠缺的方面

"金无足赤，人无完人"，由于自我经历不同，环境的局限，每个人都会有一些经验上的欠缺，特别是面对招聘单位纷纷打出数年工作经验条件的时候。其实没有工作经验并不可怕，可怕的是自己一味地不懂装懂。正确的态度是，认真对待，善于发现，并努力克服不足和提高自己。

（3）进行社会分析

① 社会分析

社会在进步，在变革，即将进入社会的大学生们，应该善于把握社会发展脉搏。分析社会环境：当前社会、政治、经济发展趋势；社会热点职业门类分布及需求状况；所学专业在社会上的需求形势；自己所选择职业在目前与未来社会中的地位情况；社会发展对自身发展的影响；自己所选择的单位在未来行业发展中的变化情况，在本行业中的地位、市场占有及发展趋势等。对这些社会发展大趋势问题的认识，有助于自我把握职业社会需求，使自己的职业选择紧跟时代脚步。

② 组织分析

组织将是你实现个人抱负的舞台，西方关于职业发展有句名言："你选择了一个组织，就是选择了一种生活。"特别是在现代，组织越来越强调组织文化的建设，对员工的适应生存能力要求越来越高，因而应对你将寄身其中的组织的各个方面做详细了解，在知己知彼的基础上，只有两者之间拥有较多的共同点，才是个人融入组织的最佳途径。

③ 人际关系分析

应着眼于以下几个方面：个人职业发展过程中将与哪些人交往，其中哪些人将对自身发展起重要作用；工作中会遇到什么样的上下级、同事及竞争者，对自己会有什么影响，如何相处、对待等。

（4）明确选择方向

通过以上自我分析认识，我们要明确"我选择干什么"的问题，这是个人职业生涯规划的核心。职业方向直接决定着一个人的职业发展，职业方向的选择应按"择己所爱、择己所长、择世所需、择己所利"的原则，结合自身实际情况来确定。

2. 通信专业毕业生的就业定位

通信专业就业定位简介

就业去向	岗位类别	主要工作单位	主要要求
入伍	通信士官	部队（通信连等）	具备专业基础，身体素质好，女通信士官往往非常稀少
升学	专升本（全日制）	对应本科院校	专业排名前10%，在校期间英语等级考试获得国家A级或3级以上。通过专升本考试
通信技术类	通信设计类岗位	邮电规划设计院、通信管理局等	专业拔尖，思想进步
	通信研发类岗位	中兴、华为、诺基亚、西门子、爱立信、摩托罗拉等通信设备商	专业拔尖，善于学习
	通信施工/监理岗位	通信施工企业、通信监理公司	专业对口，善于沟通，具备团队合作能力，能吃苦，能经常出差。因此，该岗位往往更适合男生
通信营销类	通信营销类岗位	电信、移动、联通等通信运营商	形象气质好，具备专业基础
通信服务类	通信客服类岗位	10086、10010、10000号等客户服务中心	吐字清晰，普通话流利，富有耐心，耐压性高，因此往往更适合女生

我们必须看到，男女求职者（不仅限于毕业生）在生理上的差别以及基于生理差别的一系列别的差别是一个客观存在，但男女都存在自己的性别优势，一些行业男性比较合适，比如带有力气成分的工作；另一些行业女性则可能更占优势，比如公关、文秘、教师、媒体等。如果看不到这些，认不准自己的性别优势和能力优势，也就很容易认为就业中存在"性别歧视"。在就业中找准适合自己的工作种类以提高求职命中率非常关键。

而作为社会上的用人一方，从基本的市场规律出发，不可避免地会在用人上体现出一些特别要求与具体差别，这是一种市场体制下的自发的趋利避害行为。从他们的角度看来，根据自身行业需要与具体岗位需要确定择人标准，只要是在法律的框架以内，也就同样应当受到法律保护。随着社会改革的进一步推进，用人一方用人时的主动权和自由度会日益加大已是一个不可否认的趋势。所以，不管男生女生，只有认真分析人才市场状况，看清市场需求，认准自身优势，才可能真正找到适合自己的岗位。

职场:男生PK女生

劳动强度大的工作男生当仁不让

细致、周到的岗位当然女生最佳

男生女生各有所长,找准合适自身的才是最重要的

课后习题

1.请分析你自己就业方面的长处和短处。

2.如何有效提升自己的职业能力?

_____

_____

_____

_____

_____

CHAPTER

4 规划

凡事预则立，不预则废。在人的漫长而短暂的一生中，职业生涯占用了人生最为宝贵的黄金时段，成功人士能在职业生涯中闪烁出夺目的光彩。对一个想要有所作为的职业人士来说，职业生涯的规划极其重要。

人们常说：看得有多远，你才能走得有多远。只有看清楚了脚下的路，你才能走得脚踏实地，避过风险，到达目的！

在你的职业生涯中，必定充满了歧路和诱惑，唯有做好准确的职业生涯规划，才能更好地规划生活和工作，为职业发展的成功打下坚实的基础。

第1节 职业生涯规划

有些人对前途感到迷茫

有些人迅速实现目标

想到和得到之间最重要的是如何做到

做好职业规划，才是实现职业的保障

案例 9　制订职业规划，稳步职业发展

陈先生的专业是通信工程，2010年毕业后参加招聘进入银行工作，因专业不对口放弃了原本舒适的工作，半年后进入一所高校担任辅导员，本想走上通信教学岗位的他，在几次工作调整后，被安排进入高校的行政岗位工作，毕业后的几年经历了好几次的职位变动，他觉得自己现在将原来的通信专业知识忘得差不多了，现在的行政工作又学得不够深，感觉不知道以后该如何选择自己的职业道路，希望自己在职业生涯规划方面能得到更好的指点。

评析

这是现在许多高校毕业生的通病。首先，坚持"先就业后择业"的想法是正确的，但是若缺乏相应的职业生涯规划，就会在职业选择期不知道哪一条职业发展通道更适合自己，在选择后也更容易造成不必要的忧虑，进而影响今后的职业发展。所以，职业生涯规划对于任何职业年龄的人来说都是一样重要的，特别是刚进入社会的年轻人，详细的职业生涯规划不仅能够方便自己更好地了解自己的职业需求，也能为自己今后的职业发展产生引导作用。

人的职业发展会经历5个阶段，0～14岁属于职业发展的成长阶段，这里我们不再予以介绍，下面我们把目光投向我们将面对的以下4个阶段。

① 探索认知阶段

15岁～24岁。在这个阶段，个人将认真地探索各种可能的职业选择，他们试图将自己的职业选择与他们对职业的了解以及通过学校教育、休闲活动和工作等途径所获得的个人兴趣和能力匹配起来，在这个阶段的开始时期，他们往往做出一些带有试验性质的较为宽泛的职业选择。然而，随着个人对所选择职业以及对自我的进一步了解，他们的这种最初选择往往会被重新界定。到这一阶段结束的时候，一个看上去比较恰当的职业就已经被选定，他们也已经做好开始工作的准备。

② 确立阶段

25岁～44岁。这是大多数人工作生命周期中的核心部分。有些时候，个人在这期间（通常希望在这一阶段的早期）能够找到合适的职业并随之全力以赴地投入到有助于自己在此职业中取得永久发展的各种活动之中。人们通常愿意（尤其是在专业领域）早早地就将自己锁定在某一已经选定的职业上。然而，在大多数情况下，在这一阶段人们仍然在不断地尝试与自己最初的职业选择所不同的各种能力和理想。

③ 维持阶段

45岁～64岁。许多人很简单地就进入了维持阶段。在这一职业的后期阶段，人们一般都已经在自己的工作领域中为自己创立了一席之地，因而他们的大多数精力主要就放在保有这一位置上。

④ 衰退阶段

65岁以上。当退休临近的时候，人们不得不面临职业生涯中的衰退阶段。在这一阶段，许多人都不得不面临这样一种情景：接受权力和责任减少的现实，学会接受一种新的角色，学会成为年轻人的良师益友。再接下去，就是几乎每个人都不可避免地面对的退休，这时，人们所面临的选择就是如何打发原来用在工作上的时间。

好了，了解了职业发展的4个阶段，接下来开始规划你的职业生涯吧。

1. 职业生涯规划的步骤与方法

职业生涯规划并不像想象中的那么难，但是要做好它首先要进行全面的自我剖析，从自己的性格、兴趣、技能等方面入手，才可以知道自己最适合做什么样的工作。我们都知道，让一个做会计的或学技术的去跑业务，业绩应该不会很好；让一个性格外向、喜爱交际的人去做财务，也很可能会经常出错。所以，知道自己的性格特点与技能所长就显得格外重要了，也许一个简单的生涯规划测试（6W法）会让你找到答案。

生涯规划测试（6W法）如下。

（1）What you are

首先问自己，你是什么样的人？这是自我分析过程。分析的内容包括个人的兴趣爱好、性格倾向、身体状况、教育背景、专长、以往经历和思维能力。这样对自己有个全面的了解。（把你认为你有的特点写下来，也许你会重新了解自己。）

（2）What you want

你想要什么？这是目标展望过程。分析内容包括职业目标、收入目标、学习目标、名望期望和成就感。特别要注意的是学习目标，只有不断确立学习目标，才能不被激烈的竞争淘汰，才能不断超越自我，登上更高的职业高峰。（请忘记不切实际的目标，展望你能够完成的梦想。）

（3）What you can do

你能做什么？自己专业技能何在？最好能学以致用，发挥自己的专长，在学习过程中积累自己的专业相关知识技能。同时，个人工作经历也是一个重要的经验积累，它能帮你判断你能够做什么。（所以，你的暑假社会实践和兼职并不像你想象得那么没有用处。）

（4）What can support you

什么是你的职业支撑点？你具有哪些职业竞争能力？你的各种资源和社会关系如何？个人、家庭、学校、社会的种种关系，也许能够影响你的职业选择。（他们的经验或许能为你的职业选择提供参考信息。）

（5）What fit you most

什么是最适合你的？行业和职位众多，哪个才是适合你的呢？待遇、名望、成就感和工作压力及劳累程度都不一样，个人的选择也不同。选择最好的并不是最适合的，选择适合的才是最好的。这就要根据前4个问题再回答这个问题。

（6）What you can chose in the end

你最后能够选择什么？通过前面的问题，你能够做出一个简单的职业生涯规划。机会偏爱有准备的人，做好了你的职业生涯规划，为未来的职业做好准备，当然比没做准备的人机会更多。（把第5问中自己的第一个职业选择进行深化，别忘了把第2个作为备用。）

职业生涯规划的方法有很多，但总的来说生涯规划的一般方法可以概括为知己、知彼、抉择，如下图所示。

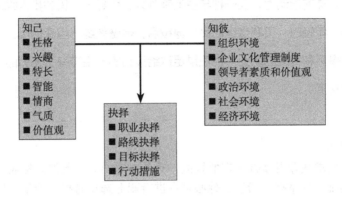

职业生涯规划一般方法

职业生涯规划不是算命，而是对自己职业生命的一种精细管理。要把自身的特长强项、兴趣爱好与社会需求捆绑起来考虑，这不是一件简单的事情，从自我剖析到制订目标，到正确执行，其中都充满了变数，在竞争越趋白热化的今天，我们唯一可以确定的就是：未来是不确定的，所以要不断地学习，充实自己，打造自己的核心竞争力，只有这样才能在职场中不断得到更好的发展。

2.职业生涯规划参考要素

（1）择己所爱

从事一项你所喜欢的工作，工作本身就能给你一种满足感，你的职业生涯也会从此变得妙趣横生。兴趣是最好的老师，是成功之母。调查表明：兴趣与成功机率有着明显的正相关性。在设计自己的职业生涯时，务必要考虑自己的特点，珍惜自己的兴趣，择己所爱，选择自己所喜欢的职业。

案例10　正视自身爱好，助力职业发展

1978年8月4日，美国纽约市体育场，数万名来自全球各地的观众怀着复杂的心情参加了一位巨星隐退的仪式。一代球星贝利终于要退出绿茵场，举行告别赛了。球迷们带着巨大的遗憾会聚到纽约，欣赏这位天才的最后表演。场上的贝利百感交集，场下的球迷更是依依不舍。当贝利哽咽着宣布从此退出足坛时，场上场下涕泪滂沱。是什么造就了贝利？造就了历史上最伟大的球王？

评析

显然，数十年的刻苦训练，坚毅的品格，非凡的天赋都是贝利成为巨星的原因。但最不可或缺的并不是这些。贝利说："我热爱足球，足球是我的生命！"执迷不悟的爱恋是推动贝利踢球的原动力，在一种与生俱来的兴趣引导下，贝利步入绿茵场，成为万众瞩目的英雄。年轻时，贝利当运动员；退役后，他做教练，当评论员。贝利以足球为生，足球事业是贝利终生的职业。也正是足球给贝利的一生带来了无穷的乐趣、无上的荣誉和无尽的财富。

（2）择己所长

任何职业都要求从业者掌握一定的技能，具备一定的能力条件。然而，一个人一生中不能将所有技能都全部掌握。所以，你必须在进行职业选择时择己所长，以有利于发挥自己的优势。运用比较优势原理充分分析别人与自己，尽量选择冲突较少的优势行业。

招聘：耕地

招聘：拉磨

有些工作你做不了

有些工作你不愿做

你究竟能做什么呢？

找到最适合自己的工作！

案例11 发挥自身特长，创造职场优势

马克·吐温是世界闻名的职业作家和演说家，取得了极大的生涯成功。然而，你或许不知道，他还有一段鲜为人知的经历：他在试图成为一名商人时却栽了跟头，吃尽了苦头。他曾投资开发打字机，赔掉5万美元，最后徒劳无功；马克·吐温看见出版商因为发行他的作品赚了大钱，心里很不服气，也想发这笔财，于是他开办了一家出版公司，但经商毕竟与写作风马牛不相及，他很快就陷入了困境之中，这次短暂的商业经历

以其出版公司破产倒闭而告终，他本人也陷入了债务危机。经过两次经商打击，马克·吐温终于认识到自己毫无商业才能，遂绝了念头，开始在全国巡回演说。这回，风趣幽默、才思敏捷的马克·吐温完全没有了商场中的狼狈，重新找回了感觉。

评析

俗话说，"尺有所短，寸有所长"，"坚车能载重，渡河不如舟。骏马驰千里，犁田不如牛"。有些人善于与机器打交道，有些人善于经商，有些人则善于写文章，等等。八仙过海，各显神通。所以，在设计自己的职业生涯时，千万要选择最有利于自己优势的职业，充分发挥自己的特长。

（3）择世所需

社会的需求不断演化着，旧的需求不断消失，新的需求不断产生，新的职业也不断产生。所以，在设计你自己的职业生涯时，一定要分析社会需求，择世所需。最重要的是，目光要长远，能够准确预测未来行业或者职业发展方向，再做出选择。

（4）择己所利，适当标准

职业是个人谋生的手段，其目的在于追求个人幸福。所以，在择业时，首先要考虑的是自己的预期收益——个人幸福最大化。明智的选择是在由收入、社会地位、成就感和工作付出等变量组成的函数中找出一个最大值，这就是选择职业生涯中的收益最大化原则。当然，我们在以利益最大化为核心进行职业规划时，还要给自己设定适当的标准，标准过高则难以实现，标准过低则缺乏动力。

3. 职业生涯规划的实施步骤

生涯规划的实施具体包括以下6个步骤。

（1）自我评估

自我评估是对自己做出全面的分析，主要包括对个人的需求、能力、兴趣、性格、气质等的分析，以确定什么样的工作比较适合自己，以及自己具有哪些能力，或者还存在哪些不足。

（2）组织与社会环境分析

组织与社会环境分析是对自己所处环境的分析，以确定自己是否适应组织环境或社会环境的变化，以及怎样调整自己以适应组织和社会的需要。短期的规划比较注重组织环境的分析，长期的规划更多地注重社会环境的分析。我们的职业发展离不开社会大环境。

（3）生涯机会的评估

生涯机会的评估包括对长期的机会和短期的机会的评估，通过对社会环境的分析，结合本人的具体情况，评估有哪些长期的发展机会；通过对组织环境的分析，评估组织内有哪些短期的发展机会。通过对职业生涯机会的评估，可以确定职业和职业发展目标，进而更好地实现职业发展规划。职业生涯机会的评估步骤如下图所示。

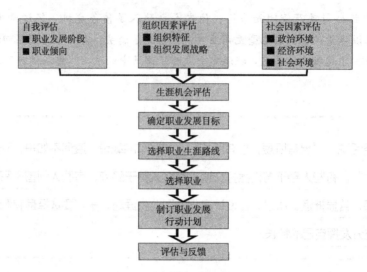

职业生涯机会的评估步骤

（4）职业生涯目标的确定

职业生涯目标的确定包括人生目标、长期目标、中期目标和短期目标的确定，它们分别与人生规划、长期规划、中期规划和短期规划相对应。一般，我们首先根据自己的专业、性格和价值观，以及社会的发展趋势确定自己的人生目标和长期目标，然后再把人生目标和长期目标进行分化，根据个人的经历和所处的组织环境制订相应的中期目标和短期目标。

这里我们介绍如何明确自己目标的方法即SMART方法，它能够帮助我们制订具体的目标，并对目标进行评估，从而更加完善自己所制订的目标。这是一个很好的指导方法。SMART是几个英文单词的首字母。

S——Specific：具体、明确，不要有含糊笼统的语言。

M——Measurab：可以量化的目标指标。

A——Achievable but challenging：可以达到但有挑战性。

R——Rewarding：目标有意义、有价值，并有奖惩措施。

T——Time：有明确的时间限制。

下面是利用SMART方法分析职业生涯规划目标是否明确的几个例子，读完后请对自己之前做的职业生涯目标进行一次分析。

【例1】我打算在上大学期间学好专业，提高通信专业技术水平，培养能力。

【分析】M——对于"学好专业"、"提高通信专业技术水平"的界定不够明确，没有明确的要求，没有进行量化。"学好专业"可以表述为"学好专业课，每门课程平均成绩保持85分以上，每个学期拿到奖学金"。"提高通信专业技术水平"可以表述为"提高通信专业技术水平，通过通信技术人员认证考试，获得助理通信工程师的证书"。这样就能把空洞的口号变成实际可以量化的行动目标了。

【例2】我准备及时制作个人简历，尽量多地获得就业信息。

【分析】T——描述时间不要用"及时"之类的词语，要写成"XX天之内"或"XX年

XX月之前"。

M——描述程度不要用"尽量多"这样的词语，要写清楚需要获得多少条就业信息。

要设定明确具体的目标，还要学会将长期的目标、大的目标分解成若干个短期的目标或小目标。这样，通过不断地实现短期的、小的目标，阶段性地完成任务，就可以驱动自己一步步实现自己的长期目标和大目标了。

【例3】长期目标的分解：40岁左右成为通信网络设计行业高级技术主管。

【分析】长期职业目标：40岁左右成为通信网络设计行业高级技术主管。

短期目标：22~30岁从事通信网络设计相关的初级工作。

进一步缩短：毕业前通过校园招聘和网络渠道获得一份通信网络设计的实习工作。

再缩短：通过网络收集通信网络设计行业的动态，完成简历的制作，准备面试。

【例4】大目标的分解：6月份完成毕业论文的编写并通过答辩。

【分析】小目标：

①1月份确定论文指导教师，确定毕业论文的题目并通过指导老师审核；

②2月份完成毕业论文的提纲并开始搜集相关的材料，完成毕业论文的数据收集；

③3~4月份完成毕业论文的初稿，并交由指导老师进行检查；

④5月份完成毕业论文的修改，整理毕业论文的格式，并加入中英文摘要；

⑤6月份打印毕业论文，并为毕业论文答辩做好准备。

（5）制订行动方案

在确定以上各种类型的职业生涯目标后，就要制订相应的行动方案来实现，把目标转化为具体的方案和措施了。在这一过程中，比较重要的行动方案有职业生涯发展路线的选择，职业的选择，以及相应的职业发展行动计划的制订。

案例12 有序处理事物，科学制订方案

一位教师为一群学生讲课："我们来做个小测试。"教师拿出一个瓶子放在桌子上，随后他取出一堆石块，把它们一块块放进瓶子内，直到石头高出瓶口再也放不下了。他问："瓶子满了吗？"所有学生回答道："满了。"教师一笑，从桌子下取出一桶更小的砾石倒了一些进去，并敲击玻璃壁使砾石填满石块的间隙，他问："现在瓶子满了吗？"而这一次学生有些明白了："可能还没有。"教师说："很好！"他从桌子下又取出一桶沙子，把它慢慢地倒进玻璃瓶，沙子填满了石块所有的间隙。他又一次问学生："瓶子满了吗？"学生们大声说："没满！"教师点点头，从桌下拿了一壶水倒进玻璃瓶，直到水面与玻璃瓶子口齐平。他望着学生，解释说："如果把顺序颠倒，同样的水同样的沙，那么你无论如何都是没办法把大石头放进去的。"

上面的案例告诉我们，做事情是有先后顺序之分的，同样，我们在做职业生涯规划的具体行动时，如果盲目地为了实现目标毫无计划顺序地去做事情，那结果往往是事倍功半。

那么怎样区分处理事情的先后顺序呢？我们可以使用ABC工作法，即根据事情的紧急性和重要性来决定。先把要做的事列一张清单，把目前和将来的任务列出来，然后将它们分为3种类型：A型为重要并紧急的任务；B型为或重要或紧急，但不是既重要又紧急的任务；C型为既不重要也不紧急的日常任务。

ABC工作法处理的顺序和主要原则：将主要精力集中于完成A型工作；其次B型；C型一般属于一些杂物小事，应在有时间的时候再去做。

（6）评估与反馈

在人生的发展阶段，社会环境的巨大变化和一些不确定因素的存在，会使我们与原来制订的职业生涯目标与规划有所偏差，这时需要对职业生涯目标和规划进行评估，做出适当的调整，以更好地符合自身发展和社会发展的需要。职业生涯规划的评估与反馈过程是个人对自己不断认识的过程，也是对社会不断认识的过程。职业生涯规划评估与反馈是使职业生涯规划更加有效的有力手段。

4.职业生涯规划设计中的常见问题

（1）对职业生涯规划设计缺乏重视

无论是从大学生个人发展的角度来看，还是从大学生这个独特群体的就业角度看，职业发展规划始终是必须面对的重大人生问题。西方发达国家的学生在高中时专家就给他们做职业兴趣分析，虽然他们当时的职业兴趣并没有定型，但通过职业日、职业实践活动，专家和教师会根据其显露出来的特征进行有效引导，而且这些国家重视职业生涯设计，学校很早就开设了职业生涯规划课。相比之下，我国只是在近几年才有部分大学开设这门课程。学生进入大学后普遍不重视职业生涯规划，绝大部分学生可能根本就没有明白职业生涯规划是怎么回事，更不用说做一份科学的职业生涯规划了。这直接导致了很多大学生不知道如何有意义地度过自己的大学生活，自己需要做些什么，不知道自己应该如何在职场上发展自己，没有人生目标，或者不知道如何去达成自己的目标。

（2）职业生涯规划设计的总体目标定得过高

学生在进校读书或是要毕业之前，给自己定的目标，往往是过高、脱离实际的。他们的眼光只盯着"大城市、大企业、大机关"和"高薪水、高地位、高福利"，这样的目标无异于空中楼阁，学生在职业规划的时候只想到以后有多美好，而忽略了在这过程中要付出多少努力，在真正走向社会的时候慢慢地发现，自己的目标无法实现甚至连应对措施都没有，这个时候，人的意志开始消沉，或是找个理由、借口安慰自己，而慢慢地把职业生涯发展目标忘却，这实际上是设计过程中的与实际脱节，如何让学生在制订职业生涯规划的时候看清现状，联系自身实际是当前职业生涯规划指导的一项重要基础的工作。

（3）过于追求所谓的"最佳规划"

有些大学生对经济学上讲的"最小成本、最大收益"津津乐道，花费了大量的时间和精力去寻找所谓的"最佳规划"，希望"一次规划，终身受益"，在做规划时面面俱到，不愿舍弃，在行动中也不愿从小事做起，碰到困难就不知所措，不会灵活采取措施调整。实际上，由于受诸多因素的限制，一个人几乎无法做出一个十全十美的职业生涯规划，况且，由于外部环境的变化和自身认识、能力的限制，职业生涯规划也需要不断调整、与时俱进。

（4）设计的总体目标过于含糊，没有具体的评判标准

在设计个人职业生涯规划的大学生当中也有这样一些人，他们把自己的目标设计得很含糊，没有具体的评判标准。比如，有人把自己设计成多少年后要成为老板。可到底做什么"老板"，所制订的职业发展规划的依据是什么，实现目标的保障是什么，如何评价规划的可行性等都不清晰，因此，规划的目标也就难以实施和实现。

（5）职业生涯规划急功近利，职业路径设计有些想当然

毕业多少年要怎么样，多少岁前要达到什么样的标准，这些数字说明多数人有着一步登天的想法。职业路径设计不能想当然，也有不少大学生选择以考取学位和证书作为发展的主路径，值得一提的是有个学生大胆的规划了从职员到主管再到总经理的职业发展路径，其中两个关键点是以考研和考博来实现的；还有些大学生"为保险起见"，准备了四条以上的发展路径，但这些路径的结果悬殊很大，路径之间要有内在的联系，发展方向也要明确，否则不利于核心职业目标的实现。

第 2 节 就业时间规划

1. 按部就班制订目标时间表

每一个人都有自己的目标，目标就是你的目的和方向，就是你到底想要什么，也就是你的梦想，你的愿景。在职业生涯规划中，按部就班制订目标时间表是职业生涯规划中的关键一环，制订一个好的目标时间表有助于每一个学生一步步朝着自己的目标努力，最后实现自己所定下来的目标。制订一个目标时间表也需要遵循一定的原则。

美国潜能大师伯恩崔西说："成功就等于目标，其他一切都是这句话的注解！"有的人可能会有很多个目标，那如何才能确定一个有效的目标呢？这里有以下几个基本原则。

① 具体的。比如，赚到10万。

② 可衡量的。到底完成了什么，应该有个明确的界限。

③ 现实的。

④ 有挑战性的。不要设一些轻而易举就能达到的目标，要给自己压力。

⑤ 有时间期限的。必须设定一个时间期限来管理它。

我想做什么？我能做什么？我该做什么？我做了什么？

第一个问题提醒自己梦想在哪里；

第二个问题告诉自己现实在哪里；

第三个问题提示差距在哪里；

第四个问题则反省有没有朝目标前进。

如果天天问，时时问，一定能达到目标，挑战新的高度。

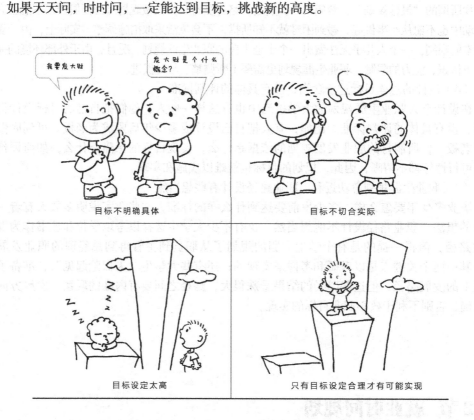

目标不明确具体　　　　　　目标不切合实际

目标设定太高　　　　　　只有目标设定合理才有可能实现

　　目的决定了人生的走向，一个人看不到自己的远方是很可怕的，有了远方也就有了人生追求的高度，而人一旦有了追求，远方也就不再遥远。当你明确了你的人生目标时，你便找到了人生的主流，也就是找到了奋斗的方向。你便会明白：做什么事情是重要的，什么事情是不重要的；什么样的知识是你必须掌握的，什么样的知识你不掌握也没有关系。当我们知道了目标的重要性并且制订出一个有效的目标之后，接下来就该看看自己对目标的期望强度了，明确了方向，了解了自己的行为目的，知道什么是最重要的事情，然后朝着这个方向去努力。在某一个阶段静下来评估一下新的进展，或是检讨自己的效率，因为能"看"到结果，所以能保持信心与激情地全身心投入。这样还有什么能阻挡我们成功的步伐呢？

　　目标的设定要以自己的最佳才能、最优性格、最大兴趣、最有利的环境等信息为依据。职业生涯目标的确定包括人生目标、长期目标、中期目标与短期目标的确定，它们分别与人生规划、长期规划、中期规划和短期规划相对应。首先要根据个人的专业、性格、气质和价值观以及社会的发展趋势确定自己的人生目标和长期目标，然后再把人生目标和长期目标细化，根据个人的经历和所处的组织环境制定相应的中期目标和短期目标。

　　未来发展目标：今生今世，你想干什么？想成为什么样的人？想取得什么成就？想成为哪一专业的佼佼者？十年大计：二十年计划太长，容易令人泄气，十年正合适，而且十年功夫足够成就一件大事。

10年计划：今后10年，你希望自己成为什么样子？有什么样的事业？将有多少收入，计划多少固定资产投资？要过上什么样的生活？你的家庭与健康水平如何？把它们仔细地想清楚，一条一条地计划好，记录在案。

_____

_____

5年计划：制订出5年计划的目的是将10年大计分阶段实施，并将计划具体化，将目标进一步分解。

_____

_____

3年计划：俗话说，5年计划看头3年。因此，你的3年计划要比5年计划更具体、更详细。因为计划是你的行动准则。

_____

_____

明年计划：制订出明年的计划，以及实现计划的步骤、方法与时间表。务必具体、切实可行。如果从现在开始制订目标，则应单独制订出今年的计划。

_____

_____

下月计划：下月计划应包括下月计划做的工作，应完成的任务、质和量方面的要求，财务收支，计划学习的新知识和有关信息，计划结识的新朋友等。

_____

_____

下周计划：计划的内容与月计划相同。重点在于必须具体、详细、数字化、切实可行，而且每周末要提前计划好下周的计划。

_____

_____

明日计划：取最重要的3~5件事，根据事情的轻重缓急，按先后顺序排好队，按计划去做，可以避免"捡了芝麻，丢了西瓜"。

_____

_____

确立目标是制订职业生涯规划的关键，有效的生涯设计需要切实可行的目标，以便排除不必要的犹豫和干扰，全心致力于目标的实现。在确定了自己的目标之后，就要付诸行动，朝着自己所设定的目标一步步去努力，只有付出了行动，自己的目标才有可能得以实现，否则再远大的目标也将是一句空话，得不到真正的实践。

2. 如何对时间表进行微调

在制订好目标时间表以后，应该认真审视自我，认识自己，了解自己，并做自我评估。自我评估的内容包括自己的兴趣、特长、性格、学识、技能、智商、情商、思维方式、思维方法、道德水准以及社会中的自我等。目标时间表并不是一成不变的，它会随着时间以及个人经历的积累而发生微小的变化，因此有必要对自己所制订的目标时间表进行合理的调整。在已有的经验和能力水平上，在重新认真审视自己之后，对目标时间表进行微调，让自己所制订的目标更加合理，更加符合自己的要求。如果你不知道你要到哪儿去，那通常你哪儿也去不了。每个人眼前都有一个目标。这个目标至少在你本人看来是伟大的。没有切实可行的目标作驱动力，人们是很容易对现状妥协的。对自己的职业目标进行微调并没有想象得那么难，只要考虑一下你希望在多少年之内达到什么目标，然后一步一步往回算就可以了。进行职业目标的微调可以从以下几个方面着手。

（1）目标要具有一定的灵活性

经济、社会、技术在迅速发展，根据环境、自身客观条件的变化，经过尝试和实践的检验，对自身的认识需要不断调整和完善，及时进行反馈与调整，适时进行微调，更有利于职业生涯目标的实现。在多元化和全球化的今天，职业更新速度加快，必须随时准备经常转换职业角色，要善于灵活地从一个角色迅速转换到另一个角色，以主动的姿态适应社会和环境的变化。但目标具有一定的灵活性，也有一个度的问题，不能以灵活性为自己的意志薄弱和退缩找借口。

（2）目标要体现发展性

一个复合的社会将不仅需要专业化知识，同时还需要通用化及多样化的技能。我们为未来职业考虑，绝不应只"低头拉车"，专心研究某一专业知识，还应同时"抬头看路"，看看这种专业知识在未来社会是否还为人们所需求，看看现在的社会正发生着怎样的变化，什么样的新技能已经出现，需要尽快学习和掌握。从长远眼光看问题，在职场上，多掌握几种技能要比只精通一门狭窄的专业知识更有前途。

（3）追求个人职业生涯目标与组织发展目标的一致性

个人的职业生涯目标与组织发展目标相吻合，对于个人、组织和社会都具有重要意义。如何让个人的发展与组织的发展相一致，这是组织开发人才必须解决的一个问题，也是个人职业发展不能回避的问题。在员工的成长与开发过程中，需要人事部门提供必要的信息，创造成才的机会，给予员工必要的帮助与指导，这是开发人才的一个重要措施，也是员工个人职业生涯目标能与组织发展目标相一致的一个重要的前提条件。

作为个人，不管你喜欢不喜欢，每个人都是社会的一分子，是工作团体的一员，而每个组织都有自己独特的规范、文化和发展目标，个体必须生活在这些规范、文化和组织中，才能被团体接受，也才会有归属感。当然，组织的一切不一定与个体本身的需求、价值观一致，甚至有时是冲突的。但是无论如何，个人的职业生涯目标策略或决定必须考虑到本组织的现实，职业的发展不可能脱离组织所界定的规范和组织的发展目标。个人是无法自足的，很多事情需依赖他人、组织或社会，也只有在团体和社会里，个人才能得到认同与价值感。因此，制订的目标若既能使个人成才又能满足组织所需，才是最好的选择。

（4）平衡其他目标

职业生涯策略还包括为平衡职业生涯目标和其他目标（如生活目标、家庭目标）而做出的种种努力。因为人生不仅仅是自己一个人，人生也不是只有工作，我们也不是仅仅扮演职业人的角色，如果忽视了生活目标和家庭目标，协调不好生活中的诸多需要，那要想长久保持工作中出色的表现几乎是不可能的，职业生涯目标的实现也会遇到许多牵扯精力的障碍。

案例 13　确定职场目标，理性发展规划

> 小刘，男，22岁，专科。
>
> **基本情况：**某通信院校毕业，通信工程专业，应届生。
>
> **同学评价：**刻苦，有上进心，性格坚强，学习能力强。
>
> **个人职业目标：**通信高级工程师。
>
> **面临问题：**在大三毕业的时候，通过校园招聘进入国内知名的通信工程类企业实习工作，同时他也想继续读本科，以通过学历的提升为今后的升职提供更好的保证，确保自己有更高的平台。因此小刘必须做出选择：是先就业还是先升本。
>
> **职业设计意见：**先就业，去从事自己感兴趣的工作，再在工作的平台上进行技能和学历的提升。

评析

小刘原本就热爱通信专业，现在一毕业的时候就有机会进入国内知名的通信企业工作，这样就拥有了一个较大的发展平台，公司也能够为他的技能和学历提升提供帮助，同时，小刘本身学习能力强，在工作过程中也能够完成学历的提升。然而，如果先升本，今后还是要面临着就业的问题，诚然本科生选择面较大，但是随着高校扩招的不断影响，本科生竞争日趋激烈，如果本科毕业再想进入这家大型通信企业反而难度加大，违背个人兴趣和职业理想而一时升本，为了学历升本，从个人职业发展来看并不可取。

从职业发展考虑，先就业能够更快地进入工作角色，发挥自己的兴趣爱好，在工作中通过不断学习积累，利用公司提供的培训机会和休息时间进行专业学历提升，对自己的职业发展大有好处。学历作为找工作时的敲门砖，确实可以帮助小刘敲开更好的职业大门，然而就目前情况而言，小刘的兴趣爱好能够让他在现在的工作岗位上取得成绩，这些专业技能和几年的工作经验积累，更能够成为小刘今后工作的"垫脚石"，为他达到更高的职业发展高度而服务。

从小刘职业目标定位于通信高级工程师这一点来看，小刘具备通信方面的专业技能，但缺乏的是工作经验，通过先就业积累自己的工作经验，从助理开始，初级、中级一步步向高级工程师迈进，通过自己的不断努力学习，小刘一定能够在良好的企业环境中尽早地实现自己的职业目标。

 课后习题

根据以下范例，制订自己的《职业规划书》。

【范例】职业规划书

1. 自我解析

（1）自我优势、优点盘点

① 具有冒险精神，积极主动；勤奋向上，只要认为应该做的事，不管有多少麻烦都要去做。

② 实事求是，有目标有想法，追求具体和明确的事情，喜欢做实际的打算；喜欢单独思考、收集和考察丰富的外在信息；对细节有很强的记忆力。

③ 与人交往时比较谦逊，有同情心，对朋友忠实友好，有奉献精神，喜欢关心他人并提供实际的帮助。

④ 做事有很强的原则性，学习生活比较有条理，愿意承担责任，依据明晰的评估和收集的信息来做决定，充分发挥自己客观的判断力和敏锐的洞察力。

（2）自我劣势、缺点盘点

信心不足，不敢去尝试一些新事物；对失败和没有把握的事感到紧张和有压力；对于别人对自己的异议不服输；脾气有时温和有时暴躁，容易激动；在公众场合不敢展现自己，有些害羞；做事情有时拖拖拉拉。

（3）个人分析（结合职业测评）

我的职业价值观：小康型。渴望能有社会地位和名誉，希望常常受到人们的尊敬。欲望得不到满足时，由于过分强烈的自我意识，有时反而觉得很自卑。

相应职业类型：记账员、设计师、银行出纳、法庭速记员、成本估算、税务员等。

我的职业兴趣：企业性工作。包括策划、管理、行政及商务专业工作等，需要具备领导才能，有决断力，并能在压力下独立工作。

我的气质：多血质。活泼好动，反应灵敏，乐于交往，注意力易转移，兴趣和情绪多变，缺乏持久力，具有外倾型。

我的职业性格：敏感型和思考型。敏感型——精神饱满，好动不好静，办事爱速战速决，但是行为常有盲目性。与人交往中，往往会拿出全部热情，但受挫折时又易消沉、失望。思考型——这类人工作、生活有规律，爱整洁，时间观念很强，重视调查研究和准确性，但这类人有时思想僵化、教条，纠缠细节，缺乏灵活性。宜从事工程师、教师、财务和数据处理等职业。

所谓知己知彼，通过上面较为客观的自我分析，我认为，最基本的我清楚了我现在学的这个专业还算是通往我理想职业的专业，也比较符合我自身的个性。

2. 组织与社会环境评估

（1）通信设计行业三大热点

"热"——伴随着信息技术发展的浪潮，通信专业人才在国企、私企、外企面前都持续火爆。

"高"——学历要求高，工作素质以及薪水高。

"缺"——缺乏中级以上通信工程师、通信设计及监理师。

（2）通信设计工程师的特殊环境

近几年通信行业发展迅猛，国家对通信行业的关注与扶持不断加大，通信专业设计工程师的需求量持续增长。通信行业属于高技术行业，因此其岗位对专业技能和综合素质有较高的要求。

（3）目标确立

① 职业定位

助理通信工程师，通信设计工程师。

② 职业发展路线

职员→边工作边学习→国内知名通信企业工作。

a. 毕业前充分学好通信专业知识，考取相关证书。

b. 毕业后3年内从事并熟悉这个行业。

c. 毕业后10年内成为一名优秀的通信工程师。

（4）短期目标规划

大一：逐步培养新的人际关系，提高交际沟通能力，在学好专业知识的基础上，加强英语、计算机能力的培养，充分认识论和调整好职业目标与所学专业之间的关系，时刻关注就业动态。

大二：争取更加努力学习，拿到奖学金。参加各种活动，竞选加入学生会，弥补大一没进学生会的遗憾，在学生会锻炼自己的胆量。但最重要的是在上学期通过计算机二级考试和英语四级考试，自学并在大二下学期拿到通信概预算和监理员证书，争取同时完成自学本科课程。

大三：争取入党并积极参加招聘面试，多看与专业相关的知识，扩展自己专业方面的知识而不仅仅局限于学校所教授的。

我给自己定的方向是进入一家大型通信企业实习工作，众所周知，当今的社会竞争十分激烈，大学生比比皆是，利用我专科生的优势先就业再择业，在工作过程中找到自己的适合岗位，同时完成自己学历提升的目标。当然，现在能否进入一家大型通信企业工作还是个难题，所以我留有备选方案——先在一家小通信公司里做相关通信工作，确保专业对口，积累工作经验，再在合适的时机选择跳槽或往更好的公司职位上发展。

（5）中长期目标

中期目标：如果找到自己感兴趣的通信相关工作，先进入事业探索期和事业发展期，预计时间为6年，希望进入任意公司从事通信设计类工作积累工作经验，并且要一边工作一边深入学习，在努力工作的同时，还要争取扩大发展人际关系，和同事、老板搞好关系，并且要养成好的生活习惯，抓紧时间参加体育锻炼。婚姻问题暂不考虑。

长期问题：事业成熟期，奋斗目标——通信工程师，争取进入知名的通信企业从事通信设计相关工作，同时考取相关职业资质认证。

（6）我对于职业生涯规划的看法

虽然可能没有成型的职业规划，但是我觉得要有每个阶段的前进方向和短期目标，比如这段时间我要练好英语听力，到什么水平，我要朝着什么方向努力等，没有努力的方向和短期的目标，很容易虚度光阴。

职业规划肯定要有，但是我觉得职业规划不可能现在就定下来，周围的环境随时在变，而且随着自己的不断成熟和接触不同的东西，想法也会改变。更何况在校大学生没有任何社会阅历，谈这个更似乎是纸上谈兵。但是我觉得这次的职业规划是必要的，通过这次的思考，可以在短期内找到奋斗的目标。

1. 自我解析

_____

_____

2. 组织与环境评估

_____

_____

3. 目标确定

_____

_____

4. 短期目标规划

_____

_____

5. 中长期目标

_____

_____

6. 我对于职业生涯规划的看法

_____

_____

请根据自己的职业目标制订就业时间规划表。

_____

_____

_____

_____

_____

_____

CHAPTER

5 面对

学生在就业过程中有一个非常明显的角色转换——从在校生转变为一个准职业人。企业对于员工的要求与学校对于学生的要求是不一样的。面对突如其来的招聘会，学生往往茫然不知所措，下面我们将通过介绍就业流程、各个环节需准备的就业材料以及面试过程中的礼仪和技巧来讲解学生在求职过程中的权益保护问题。

人事部

学生在就业过程中有一个非常明显的角色转换——从在校生转变为一个准职业人。而企业对于员工的要求与学校对于学生的要求是不一样的。面对突如其来的招聘会，学生往往茫然不知所措，我们将通过介绍就业流程、各个环节需准备的就业材料以及面试过程中的礼仪和技巧来讲解学生在求职过程中的权益保护问题。

第1节 就业信息

1.就业信息的内容与组成

（1）就业形势信息

这一部分信息包括国家的经济发展战略，产业结构的调整和变化，全国各地的经济形势，自己的专业对口或相关的行业、部门和单位的现状和发展趋势以及当年大学毕业生总的供求形势。

（2）就业政策信息

这一部分信息包括指导思想、就业机制、就业工作的基本原则、就业渠道、就业的形势和方法。

（3）社会需求信息

这一部分信息包括单位性质、企业文化、从事领域、工作地点、工作岗位、能力要求、发展空间、报酬福利。

2. 就业信息的获取渠道

（1）学院就业指导部门

（2）人才招聘会

（3）报刊、杂志

（4）人际关系网

（5）互联网

3. 就业信息的分类筛选

就业信息处理的过程是一个通过对信息进行分析、鉴别，从而实现对信息去伪存真、去粗取精并有效加以利用的过程。

求职信息应接不暇

如何筛选才是关键

合理排除虚假信息

积极地联系合适岗位

（1）审核筛选，去伪存真

首先，毕业生要学会对所收集到的就业信息进行直接与间接的审核，以确保就业信息的客观性、准确性、完整性。

直接审核主要是通过上门确认、实地考察等手段，考证信息的真实性，这种审核方式较适用于与毕业生所在地距离较近的用人单位。

毕业生对于个人不便或无法核实考证的就业信息，应求助学院就业指导中心，请老师以学院的名义向用人单位提出核查要求。

（2）去粗取精，及时反馈

毕业生对经过审核筛选，去伪存真后保留的就业信息，还要进行再一次的分析和处理。要学会从自身的实际出发，从众多的真实信息中进一步选出与自己的专长、性格、兴趣最为匹配，最有价值，最可行的信息，重点分析把握，并据此有针对性地设计个人应聘材料，制订应聘计划，及时向信息发布者反馈信息，这样，求职的成功率才会大大提高。

第 2 节　就业基本流程

1. 流程图

大学生就业基本流程如下图所示。

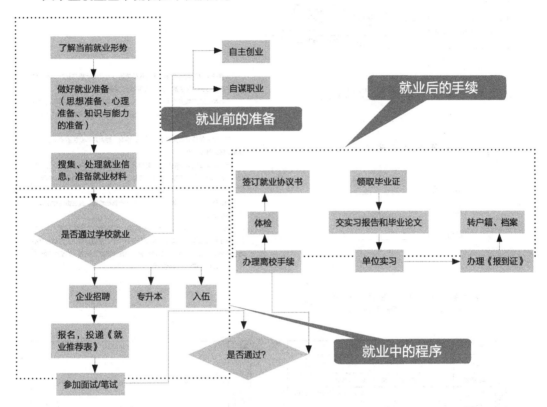

接下来我们主要就毕业生在就业过程中最容易出现问题，而又最容易忽视的问题展开讨论。毕业生就业过程中最容易忽视的三个问题环节分别是：就业协议书的签订、《报到证》的办理、户籍及档案的迁移。

2. 就业协议书与毕业生接收函
（1）签订就业协议书
① 什么是就业协议书

协议书编号：1□ □ 128450□□□□ 粘贴协议书条形码	就业类型 回家自谋□ 录用□ 签约类型 自谋签约□ 签约□ 毕业去向 派遣□ 回原籍□ 就业状况 就业□ 灵活就业□ 升学□

普通高等学校毕业生就业协议书

湖南邮电职业技术学院

毕业生＿＿＿＿＿＿＿＿＿

用人单位＿＿＿＿＿＿＿＿＿

单位代码＿＿＿＿＿＿＿＿＿

为维护毕业生就业市场秩序，规范市场行为，特明确毕业生、用人单位、学校三方在毕业生就业工作中的权利和义务：

一、毕业生应如实介绍自己的情况，了解单位的意图，表明自己的就业愿望。在规定的时间内到用人单位报到，若遇特殊情况不能按时报到，需征得用人单位同意。

二、用人单位应如实介绍本单位的情况，明确对毕业生的要求及使用意图，做好各项接收工作。

三、学校应如实介绍毕业生的情况，做好推荐等服务工作，本协议签定后，列入建议就业方案，报毕业生就业主管部门批准后，办理就业报到等手续。

四、毕业生、用人单位、学校三方如有其他约定，应在备注栏明确，并视为协议书的一部分。

五、本协议一式四份，经各方签字、盖章后生效，毕业生、用人单位、学校和省级毕业生就业主管部门各执一份，复印无效。三方都应严格履行本协议条约，若有一方变更协议，须征得另两方同意。毕业生与用人单位如有违约，按双方约定执行。

湖南省教育厅毕业生就业办公室
湖南省大中专学校学生信息咨询与就业指导中心　印制

毕业生情况（由毕业生填写）	姓　名		性　别		年龄		民族	
	身份证号			毕业时间	年6月	婚姻状况		
	政治面貌		培养方式	统招全日制	健康			
	专　业			学制	3年	学历	大专	
	联系方式	手机：		邮箱：		QQ：		
	家庭地址			家庭联系电话		（　）		
用人单位情况及人事关系办理（由单位填写）	单位名称			单位隶属				
	联系人		联系电话		邮政编码			
	通讯地址			组织机构代码				
	单位性质	机关、科研设计单位、高等学校、其他教学单位、医疗卫生单位、其他事业单位、国有企业、三资企业、其他企业、部队、农村建制村、城镇社区（用"√"表示）						
	人事关系办理	报到往开往	省级、市级就业主管部门□、用人单位□、毕业生生源所在地□					
		《就业报到证》开具单位名称 （不随开往无人事权单位人才中心）						
		《就业报到证》接收所在地	省（自治区/直辖市）　　　市					
		档案接收单位名称						
		档案转寄详细地址		邮政编码				
		户口迁入地址	省（自治区/直辖市）　市（地区）　县（区）					
		其他事宜						
学校情况	学校就业管理部门名称	湖南邮电职业技术学院学生工作部毕业生就业指导中心						
	学校详细通讯地址	长沙市天心区南湖路沙湖街128号			邮政编码	410015		
	学校联系人	张继宏	联系电话	0731-85202779、85201878				
双方约定其他事宜（主要包括工作地点、工作岗位、违约责任、协议自动失效条款及协议终止条款等）								

备注：	
毕业生意见	签名：＿＿＿＿＿＿　　　年 月 日
用人单位意见	用人单位人事部门意见：	用人单位上级主管部门意见： （有用人自主权的单位此栏可略，无人事权的单位请加盖上级主管部门人事公章或人事代理机构公章）
	负责人：＿＿＿＿（公章） 年 月 日	负责人：＿＿＿＿（公章） 年 月 日
学校意见	毕业生所在院（系）意见：	学校毕业生就业管理部门意见：
	负责人：＿＿＿＿（公章） 年 月 日	负责人：＿＿＿＿（公章） 年 月 日

注意事项：
1、本协议限国家计划内统招非定向毕业生（含高职〔高专〕毕业生、本科毕业生、毕业研究生）使用，定向生、委培生按定向委培协议就业。
2、毕业生因参加国家或地方就业项目、应征入伍、升学（留学）等无法履行本协议应与用人单位事先约定。
3、毕业生与用人单位双方签署意见后，应在一个月内交送学校就业管理部门签署意见，逾期所产生的后果由责任方承担。
4、本协议由湖南省教育厅毕业生就业办公室和湖南省大中专学校学生信息咨询与就业指导中心按国家教育部高校学生司有关规定统一格式印制。
5、毕业生与用人单位应当根据《劳动合同法》规定，自用工之日起一个月内订立书面劳动合同。
6、本协议全省统一编号，号码或填写号码的小方框均为红色套印。
7、查询、了解湖南省高等院校毕业生有关情况，可登录"湖南省毕业生就业信息网"，网址为：http://www.hunbys.com

湖南省教育厅毕业生就业办公室
湖南省大中专学校学生信息咨询与就业指导中心

《全国普通高等学校毕业生就业协议书》（以下简称《就业协议书》）由国家教育部高校学生司、湖南省教育厅毕业生就业办公室、湖南省大中专学校学生信息咨询与就业指导中心3个权威的毕业生指导及服务部门统一印制，是为维护毕业生就业市场秩序，规范市场行为，明确毕业生、用人单位、学校3方在毕业生就业工作中的权利和义务而印制的规范性协议，每位毕业生同一时间只允许与一家单位签订就业协议。就业协议书一式4份，经协商，毕业生、用人单位、学校3方签订。毕业生、用人单位、学校和省级毕业生就业主管部门各执一份。

② 就业协议书有什么作用

第一，《就业协议书》是毕业生的最权威的就业证明材料，是毕业生维权的依据。在定岗实习期，由于毕业生尚未获得毕业证书，用人单位通常都不会与其直接签订劳动合同。因此，在定岗实习过程中倘若毕业生发生意外伤亡的情况，就不受照劳动合同法约束。在毕业生就业后，《就业协议书》能够有效证明毕业生与用人单位之间的就业关系，是毕业生维权的最权威的证据。

第二，《就业协议书》是湖南省教育厅为毕业生开出《报到证》的重要依据。

③ 当用人单位不同意签订《就业协议书》时怎么办

《就业协议书》最主要的作用就是证明毕业生和用人单位之间的就业关系，由于其具有的权威性，导致很多单位不愿意与毕业生签订。为此，我们在用人单位不同意签订《就业协议书》时需要采用迂回策略，可以采用以下方法。

第一，向用人单位说明《就业协议书》不是正式的劳动合同，只是毕业生就业的证明。

第二，向用人单位说明《就业协议书》主要是学校为毕业生开出《报到证》的依据。错过了学校办理的时间，学生今后必须请假回学校，并自行前往教育厅办理就业《报到证》，手续十分烦琐。

第三，请用人单位开出接收函或者用工证明。通常情况下用人单位在了解到《就业协议书》不是劳动合同，以及《就业协议书》的主要作用是为毕业生开具《报到证》后就都会愿意签订了，但倘若用人单位还是不愿意签订，那么我们就需请用人单位开具接收函或用工证明。

第四，平时注意收集自己的工资条、门禁卡、工作证等任何可以证明自己在公司工作的证据。

④ 如何签订《就业协议书》

当顺利完成面试，与用人单位达成就业意向后，接下来就应该签订《就业协议书》了。签订《就业协议书》是毕业生求职过程中的最后环节，也是走向工作岗位的起始环节。

《就业协议书》的样本由教育部和教育厅提供，但是在印刷过程中各个高校往往会根据自身特点和需要增加或者明确相关信息，下面我们就以《湖南邮电职业技术学院毕业生就业协议书》为例，来说明如何填写《就业协议书》。

第一步：认真阅读协议书相关条款和要求。

在《就业协议书》第2版，有《就业协议书》使用的相关条款和要求，毕业生在签订《就业协议书》之前务必仔细阅读，了解相关要求以后方可签订就业协议书。

第二步：按照要求填写封面信息。

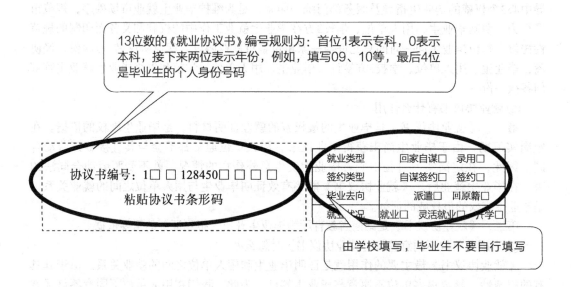

13位数的《就业协议书》编号规则为：首位1表示专科，0表示本科，接下来两位表示年份，例如，填写09、10等，最后4位是毕业生的个人身份号码

协议书编号：1□ □ 128450□ □ □ □
粘贴协议书条形码

就业类型	回家自谋□ 录用□
签约类型	自谋签约□ 签约□
毕业去向	派遣□ 回原籍□
就业状况	就业□ 灵活就业□ 升学□

由学校填写，毕业生不要自行填写

普通高等学校毕业生就业协议书

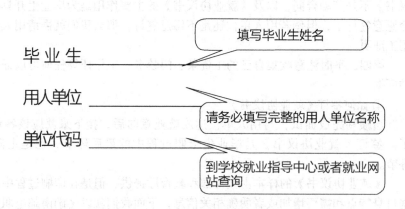

湖 南 邮 电 职 业 技 术 学 院

填写毕业生姓名

毕 业 生 _____

用人单位 _____

请务必填写完整的用人单位名称

单位代码 _____

到学校就业指导中心或者就业网站查询

湖 南 省 教 育 厅 毕 业 生 就 业 办 公 室
湖南省大中专学校学生信息咨询与就业指导中心　　印制

第三步：毕业生本人填写"毕业生情况及应聘意见"。

为了方便毕业生，《湖南邮电职业技术学院就业协议书》在印刷时已经填写了部分毕业生信息，其他未填写部分则需要毕业生自行填写。

毕业生情况（由毕业生填写）	姓名		性　　别			年龄		民族	
	身份证号			毕业时间		年6月	婚姻状况		
	政治面貌		培养方式		统招日制		健康		
	专业					学制	3年	学历	大专
	联系方式	手机：		邮箱：			QQ：		
	家庭地址					家庭联系电话			

第四步：用人单位填写"招聘意见"。

本栏目原则上应该是由用人单位填写，但是很多时候，一个用人单位负责该工作的员工往往很难做到为每位毕业生填写好相关信息，为了对毕业生自己负责，同时为了减轻用人单位相关人员的工作压力，这部分内容，我们建议由毕业生在咨询用人单位人事专员后自行填写。

用人单位情况及人事关系办理（由单位填写）		单位隶属				
		联系人		联系电话	邮政编码	
		通讯地址			组织机构代码	
		单位性质	机关、科研设计单位、高等学校、其他教学单位、医疗卫生单位、其他事业单位、国有企业、三资企业、其他企业、部队、农村建制村、城镇社区（用"√"表示）			
	人事关系办理	报到证开往	省级、市级就业主管部门□、用人单位□、毕业生生源所在地□			
		《就业报到证》开具单位名称 （不能开往无人事权单位或人才中心）				
		《就业报到证》接收所在地		省（自治区/直辖市）市		
		档案接收单位名称				
		档案转寄详细地址			邮政编码	
		户口迁入地址	省（自治区/直辖市）　市（地区）　县（区）			
		其他事宜				

需要说明的是，这里的人事关系办理的相关信息完全是为了办理《报到证》的需要而要求填写的内容，所以，学校往往不会以此作为调档函和户籍迁移的依据。学生做户籍迁移和档案转迁需要另外办理相关手续。

第五步：毕业生签署应聘意见。

毕业生意见	
	签名：＿＿＿＿＿　　年　月　日

填写这部分内容时，很多同学往往只写"同意"两个字，这是对用人单位和自己极不负责任的表现，我们要求毕业生按照标准的格式填写应聘意见，其格式要求为："本人同意应聘到XX公司工作。"其中，XX为公司全称并一定要注明"工作"两个字，之后签名，并填写日期。

第六步：用人单位签署意见。

用人单位意见	用人单位人事部门意见：	用人单位上级主管部门意见： （有用人自主权的单位此栏可略，无人事权的单位请加盖上级主管部门人事公章或人事代理机构公章）
	负责人：＿＿＿＿＿（公章） 　　　年　月　日	负责人：＿＿＿＿＿（公章） 　　　年　月　日

第七步：学校签署意见。

学校意见	毕业生所在院（系）意见	学校毕业生就业管理部门意见：
	负责人：＿＿＿＿＿（公章） 　　　年　月　日	负责人：＿＿＿＿＿（公章） 　　　年　月　日

第八步：视情况填写双方约定的其他事宜。

双方约定其他事宜（主要包括工作地点、工作岗位、违约责任、协议自动失效条款及协议终止条款等）：

对于用人单位有特殊要求的，可能还需要填写备注栏。

备注：

第九步：交学校就业指导中心确认并盖章，纳入就业计划，学校将会在教育厅规定的时间内为毕业生办理《报到证》。

3. 报到证的作用和办理规定

《报到证》是毕业生到就业单位报到的凭证，也是毕业生参加工作时间的初始记载和凭证。毕业生到工作单位报到时，须持《报到证》。

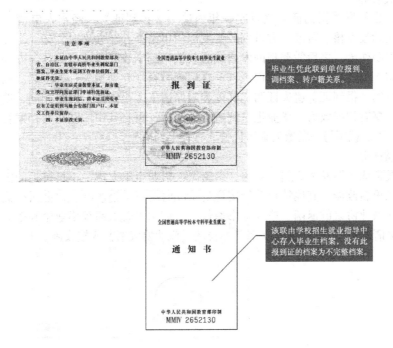

（1）《报到证》的主要作用

①《报到证》是教育主管部门正式派遣毕业生的凭证。

②《报到证》是毕业生到用人单位报到的凭证。

③《报到证》是用人单位接收毕业生的重要文字证明。

④《报到证》是任何一个合法的人才中心、档案管理机构接收毕业生档案的证明。

⑤《报到证》是用人单位给毕业生落户、接管档案的重要依据。

⑥《报到证》是毕业生拥有国家计划内干部身份的证明。

⑦ 毕业生持《报到证》报到后，转正定级、工龄计算、职称评定等才能起算。

（2）《报到证》的办理规定

①学校集中为毕业生办理《报到证》

湖南省域内的大中专毕业生办理《报到证》的地点设在湖南省大中专学校学生信息咨询与就业指导中心。毕业生在毕业当年5月30日之前将《就业协议书》（无法签到《就业协议书》时可以用其他就业材料代替，例如，就业接收函、就业证明）。学校在教育厅规定的时间内前往教育厅为毕业生办理《报到证》，通常办理的时间为每年的6月份，办理时学校要提供毕业生与用人单位签订并经学校就业工作部门签证的《就业协议书》原件、就业方案数据库等。一般在毕业生领取毕业证的同时就可以领取到集中办理的《报到证》。

②毕业生个人初次办理《报到证》

对于在规定时间内尚未就业或者已经就业却无法提供《就业协议书》或其他就业证明材料而错过了集中派遣的毕业生，从毕业之日起，2年之内称为择业期，择业期内，由毕业生本人携毕业证原件、《就业协议书》或其他替代材料（例如，就业接收函、就业证明等）到学校开具《报到证》办理介绍信后，自行前往教育厅办理《报到证》。

③遗失补办

毕业生自签发《报到证》之日起一年内遗失《报到证》，经本人申请、登报申明作废，交所在学校审核、盖章，方可到原签发部门申请补办。办理时，毕业生先要到省一级报社登报声明作废，之后凭登报的发票或者收据，到学校开具《报到证》办理介绍信。然后，从档案当中提取《报到证》白色联，之后到教育厅办理遗失补办手续。教育厅将会提供一式两份的《报到证》遗失证明，其内容与原遗失《报到证》内容相同，遗失证明与原《报到证》享有相同效力，毕业生拿到遗失证明后，再将其中一联送交档案管理部门存入档案当中，以后就用另一联遗失证明代替原有《报到证》。

④调整改办

自《报到证》签发之日起一年内，遇错派，毕业生本人遭受不可抗拒的因素，毕业生违约后要求重新改派，其他符合政策规定的情况时可以申请改办。改办时须提供原就业单位同意解除就业协议的退函、毕业证书原件、《湖南省普通高校毕业生和毕业研究生就业调整改派申请表》、原《报到证》和新单位的《就业协议书》或接收函。

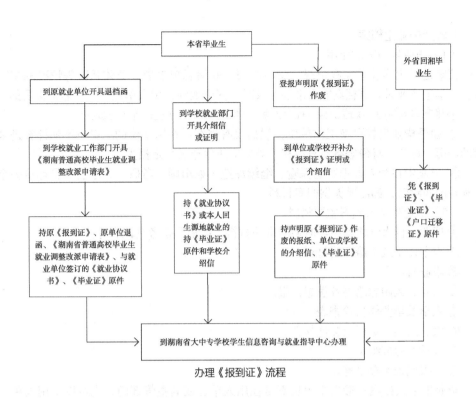

办理《报到证》流程

办理《报到证》相关信息

类别	毕业生需要提供的材料	时限要求
学校集中为毕业生办理	《就业协议书》	毕业当年5月至6月
毕业生个人初次办理《报到证》	《就业协议书》原件（或劳动合同，或本人回生源所在地自主就业的书面申请）；毕业证书原件；学校毕业生就业工作部门的介绍信	毕业离校后2年之内
毕业生"跳槽"后，《报到证》的调整改派	与毕业生就业单位解除就业协议的书面证明（即用人单位的离职证明或离职回执）；毕业证书原件；《湖南省普通高校毕业生和毕业研究生调整改派申请表》；原《报到证》（蓝色联）和《报到证》通知单（白色联，存根）；与新单位签订的《就业协议书》或劳动合同、接收函	《报到证》开出后1年之内

4. 转迁毕业生档案

（1）毕业生档案的作用

档案是学生毕业前家庭情况、学习成绩、政治思想表现、身体状况等情况的文字记载材料。学生毕业后，其档案能否准确、及时、安全地到达用人单位手中是非常重要的。

① 确定本人身份、家庭出身、社会关系、学习经历、工作过程等历史资料。

② 如果毕业生想更换工作单位，假如没有档案，在原单位的工龄也不能计算进来，以前的经历、评价、身份等将不复存在，必给毕业生造成一定损失。

③ 毕业生在个人办理养老保险、继续深造（如出国、考研）、考公务员等事关个人切身利益的问题时，都需要提供档案材料。

（2）毕业生个人档案主要材料

① 毕业生读大学之前中学时期的有关材料，如招生报考登记表等。

② 大学入学或学籍证明材料。

③ 毕业材料。

④ 入党、入团志愿书及思想汇报。

⑤ 入学及毕业体格检查表。

⑥ 大学期间校级以上奖惩材料。

⑦ 大学学习成绩单。

⑧《报到证》存根等。

毕业生个人档案一般由学校负责寄往用人单位或其主管部门，也可以由用人单位凭其人事主管部门介绍信到学校提取，一般情况不能由毕业生自取自带，其投递采用机要发出，但确实要得紧急的，学校在接到调档函之后将档案贴上封条，档案袋可以采用快递寄出或者由本人带走。

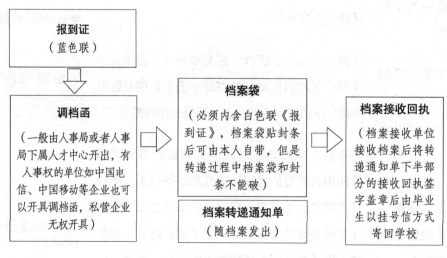

转迁档案流程

（3）转迁户籍

毕业生户籍关系的迁移，由学校户口管理部门根据有关规定到所在地公安计管（派出所）办理。公安机关按《报到证》上标明的就业单位地址给其迁移户口。领到《户口迁移证》后，毕业生应该仔细核对并妥善保管，不能丢失，有错漏时不能自行涂改，否则无效。毕业生到单位报到后，持《户口迁移证》和《报到证》到单位所在地公安部门办理户口迁入手续。

不慎遗失《户口迁移证》，应立即在遗失地有影响的报刊上发表遗失声明，然后持登有遗失声明的报纸、登报手续及学校保卫处的证明，到公安部门重新办理《户口迁移证》。

① 毕业生户口办理的原则

户口迁移按《报到证》所填单位（地区）派遣办理。毕业生户口办理的原则根据《国务院办公厅转发教育部等部门关于进一步深化普通高等院校毕业生就业制度改革有关问题意见的通知》（国办发[2002]106号）及公安部有关文件精神确定。

② 《户口迁移证》的作用

我国人口信息管理方式是以户籍管理模式进行的，目前我国以户口所在地管理人口的模式将会持续较长一段时间。在工作生活地没有当地户口，将给就业、家庭生活（如结婚、出国、信贷、购房）等诸多方面带来不便。毕业生离校时必须办理户口迁移手续。

③ 办理户口的依据

根据毕业生本人签订的就业单位所在地，经学校审批并报市教委批准，凭《报到证》办理户口迁移手续。

④ 重新办理户籍迁移

毕业生因为各种原因，要求更换就业单位，要经学院招生就业处同意，报教育厅批准，重新签发《报到证》。根据《报到证》请示公安机关，重新改派户口，但原《户口迁移证》必须退回。

⑤ 毕业生办理户口迁移的程序和步骤

第一步，保卫处根据毕业生就业方案，制作《户口迁移证》。

第二步，保卫处请公安机关审校《户口迁移证》并签章。

第三步，各系辅导员和班长到保卫处统一签领本系和本班毕业生的《户口迁移证》。

第四步，各系辅导员和班长敦促学生逐个亲自签领并校对本人《户口迁移证》，必须确保毕业生本人亲自签字领取，不得由他人代签代领。

第五步，各班班长将毕业生签字后的《户口迁移证》签领表和毕业生离校通知单一并送到保卫处审核后办理毕业手续。

⑥ 入户手续的办理

毕业生领到《户口迁移证》后，要妥善保管。凭《报到证》到新的就业单位、人事局（人才交服务中心）报到并领取入户指标，并在相应地的派出所办理入户手续。

⑦ 专升本后户口的迁移

凭学校入学通知书，到保卫处登记办理迁往该校的《户口迁移证》。接到录取通知书前已经派遣的毕业生，在接到通知书后将原《户口迁移证》退回保卫处，由保卫处重新请示公安机关，签发新的《户口迁移证》。

⑧ 《户口迁移证》遗失补办

《户口迁移证》一旦丢失，首先要到遗失地的公安派出所报案。若3个月后仍未找到，由本人提出申请，由原丢失地派出所出具报案备查证明，户口接收地单位和所在派出所出具未入户的证明，学校保卫处请示公安机关给予出具户口遗失有关证明手续。

（4）转迁党组织关系

已落实毕业去向的毕业生党员，由学校统一办理党组织关系转出介绍信，毕业生本人持党组织关系介绍信到毕业去向单位办理转入相关手续。

（5）人事代理

人事代理是指政府有关人才交流服务机构根据国家有关政策法规，接受用人单位或个人委托，代为管理单位或个人的人事业务。各级人才流动机构受理人事代理业务后，可提供人事政策咨询，人事档案保管，聘用（任）合同签证，代办养老保险、失业保险，代办户籍、档案关系迁移及档案工资定级（晋升）手续，代为申请专业技术职称资格等人事代理服务。

第3节 求职资料的准备

1. 个人简历

简历撰写的出发点是尽可能地引起用人单位的注意。一份完整的简历应该包括个人信息和招聘者所要了解的信息。招聘者所要了解的信息包括应聘者的教育背景、工作经历 、其他（个人特长及爱好、其他技能、专业团体、著述和证明人）信息等。

写好就业简历需注意以下几个方面。

① 首先要突出过去的成就。

② 履历表切忌过长，简历的长度和厚度要尽量精简，最多不能超过3页。

③ 履历表上的资料必须是客观而实在的。

④ 注意排版和格式。

⑤ 不要写对申请职位无用的东西。

⑥ 简历要有针对性，必须认真关注招聘条件。

⑦ 注意简历的文字表达。

⑧ 要关注要点。

2.《就业推荐表》

由学院统一印制的《就业推荐表》事实上是学院给每一位毕业生提供的一份推荐材料，可以说，推荐书是站在学院角度对毕业生的资格以及在校期间表现的一个完整的反馈。《就业推荐表》只是约定的相关格式，具体到里面的文字内容时，我们应该有个性特点。

个性化的简历，应该是毕业生个人针对某一具体单位、具体企业的某一特定岗位而写的个性化自荐材料，由于是针对该单位特别制作和撰写的，所以更具有针对性，能更好地贴合用人单位的岗位需求。

3. 自我介绍

一般用人单位在面试时都会让学生作自我介绍。自我介绍是让人了解自己的一个途径，自我介绍也是一种说服的手段与艺术。聪明的应试者会从岗位录用的要求与测试重点出发组织自我介绍的内容。你不仅仅要告诉面试官们你是多么优秀的人，更要告诉面试官你就是最适合这个工作岗位的人。

自我介绍时应该注意以下6个要点。

① 应试者应充分利用各种个人资源。自我介绍时除了要注意表情、身体语言外，还要以沉稳平静的声音、中等的语速、清晰的吐字发音、开朗响亮的声调给面试官以愉悦的听觉享受。

面试时迟到　　　　　　　　　应聘岗位不明了

岗位需求不知道　　　　　　　面试地点也弄错

② 情绪也是一个需要控制的重要方面。情绪，作为个人的重要素养，如果在自我介绍中起伏波动，就会产生负面影响。

③ 在谈及自己的兴趣爱好时要介绍有度。说自己喜欢唱歌，便自做主张，一展歌喉，在面试考场上为面试官们唱它一曲，直到被面试官客气地打断后，才反应过来行为有些出格。

④ 在描述自己的爱好时，要以取得的一定成绩作辅助证明。

⑤ 介绍家庭关系时，应客观、认真似乎"漫不经心"地告诉面试官们，自己的某位远房亲戚是应考单位的上司单位的某领导。

⑥ 避免就职演讲类的绝对话保证。

自我介绍的关键是介绍出自己的特点，把自己优秀的一面展现给考官并给其留下好印象。

4.电子简历的制作和投递

随着因特网的快速发展，网上求职逐渐成为一种新型的应聘方式。在这种情况下，如何使用有个性的电子简历应聘就显得非常重要。

（1）如何使电子简历制作得更好看

精心设计一下纯文本格式的简历，如注意设定页边距，尽量用较大字号的字体，使用一些特殊符号等。

（2）电子简历的投递技巧

① 最好不要用附件的形式发送简历。

② 邮件标题应写明应聘的职位，简历应在正文中。

③ 在申请同一公司的不同职位时，最好能发两封不同的电子简历。

④ 在电子简历中一般不要附有发表作品或论文。

⑤ 发送简历后，要与用人单位保持联络。

第4节 求职礼仪

到了求职应聘季节，校园中便会出现成群的穿西装的男士和化着淡妆的职业女性，他们就是为了找工作而精心修饰自己的应届毕业生们。然而，注重礼仪不仅仅是准备一套衣服这么简单，即使你豪掷重金将自己装扮得光鲜亮丽，但一句话、一个动作或一个被你疏忽的细节都可能导致功亏一篑。

1. 仪态礼仪

仪态，也就是你在面试时的仪容和行为举止，这是你递交给面试考官的第一张名片。恰当的服饰搭配会留给人留下明快、干练、庄重的良好印象。

大学生着装应遵循简洁、大方、得体的原则，不同企业、行业有不同的文化，不同的岗位有不同的需求。着装上应力求表现出自身的个人素养、职业面貌以及对面试方的尊重。

通信行业主要有通信技术研发、通信产品销售、通信行业服务等就业岗位，可根据自己的求职定位选择着装。例如，应聘技术研发岗位，就要给对方沉稳踏实的感觉，穿着过于正式或华丽均不妥；应聘销售、服务等与人打交道的岗位时则可以选择正装，以体现自己职业、规范的面貌，给人留下干练、可信、亲和力强的良好印象。

合适的西装能衬托一个人干练、优雅的良好形象，购买回来后记得拆除左衣袖上的商标或其他标志，定期干洗、熨烫平整，注意纽扣、口袋等细节。

女生鞋跟2～3厘米高比较合适，最好不要超过5厘米，鞋面不要有太多装饰。衣着方面不能过于暴露或是太贴身，颜色也不能太艳或是太沉闷，整体风格不能过于时髦，应注重青春典雅、利落大方，表现个人品位和气质。若是选择穿丝袜，丝袜颜色一定要与整体服饰搭配，不要有脱丝现象，可以留一双备用。

注意脸部清洁，男生胡子一定要刮干净，头发梳理整齐，清理眼角、鼻子、耳孔等处的分泌物，修剪鼻毛、指甲；女生在化妆时一定不能过于浓艳，妆容要求清新、自然，最好不要用香水，尤其是气味浓烈的香水；身上饰物不能过多，最好不要佩戴吊坠式的耳环。

面试前眼镜镜片要擦拭干净，看看扣子、拉链是否扣好、拉好，领子、袖口是否有破损，肩上是否落有头屑，衣服是否有褶皱，鞋子是否干净光亮，口气是否清新等。

案例 14　把握穿着礼仪，塑造良好形象

某通信公司到学校招聘一名女生从事档案管理工作，因为该公司待遇优厚，很多女生争先应聘。小王是个非常漂亮的女生，性格非常活跃，在学校很受瞩目。许多人暗地里认为这份工作非她莫属，但最终公司录取的却是一名长相平凡、性格安静的女生。事后学校老师与公司面试考官闲聊时谈及小王，面试考官说小王的确是个非常优秀的女生，但是她打扮得过于光鲜夺目，总让人觉得这样的女孩是不会安心做这份工作的。

评析

"不选贵的，只选对的"，用人单位往往会根据不同的工作岗位的特点对应聘者的性格、特质等方面做综合考虑。案例中通信公司进行招聘的档案管理工作是一项比较枯燥烦琐的工作，需要有耐心并细心的人。小王性格外向，喜欢表现自己，面对应聘，她并没有认真分析所要应聘岗位的特点和需求，塑造相对应的职业形象，故最终应聘失败。

2.举止礼仪

举止是指人的表情和动作，是一种无声的语言，能直接、充分地反映一个人的知识和涵养。

（1）保持生动、友善的面部表情

第一，恰到好处地用目光与对方进行交流。在面试过程中，我们的同学往往会出现这样的情况：有的不敢抬头正视对方，给人唯唯诺诺、缺乏自信的感觉；有的眼神飘忽不定，给人心不在焉、为人不踏实的印象；有的紧盯住说话对象不放，使人反感、不安。因此，注视交谈的时间不能过长或聚焦，表示自己在倾听即可，并应适时地环顾其他主试人以示对他们的尊重。另外，还要善用目光的变化，灵活使用目光来表达自己内心的感情，例如，认可、舒心、期待等。

第二，充分发挥微笑的魅力。面试时以微笑示人，能传递友善、愉悦的信息并感染对方，让人心生好感。面对招聘者时过度紧张，会使面部表情严肃僵硬，使人看上去极不自然、缺乏自信；在面试时适时保持微笑，则会给招聘单位留下亲和力强、易与人沟通、能极快融入团队的良好印象。

（2）举止动作自然、大方，不能失礼、失敬于人

第一，准时守约，最好能提前10分钟左右到达面试现场，既表示出自己的求职诚意，又表现出对招聘单位的尊重。在等待过程中不要大声喧哗或四处走动，尽量不要抽烟或吃东西。

第二，站有站姿，坐有坐相，手势要文雅，腿位要适当。进入面试房间时，要先敲门得到允许后再进入，注意保持优美的站姿与坐姿。

第三，握手时讲究"尊者优先"。一是不能主动伸手，二是对方伸手后要热情友好，并把握好握手的力度，以让对方觉得贴着手为度，时间也不宜过长。

第四，递物、接物时注意双手接送。向对方递自己的个人简历等面试材料时，应微笑着注视对方，将材料的正面朝向对方，双手送交对方或放在桌上。

第五，面试前要将手机关机或者设置到震动静音挡。在面试过程中，无论是开门、就座、走动还是关门，都要尽量保持安静，一定要注意避免自己平时一些不好的习惯动作，如跷二郎腿、说话时指手画脚、随意玩弄手中物件等。

3.语言礼仪

俗话说"良言一句三冬暖，恶语伤人六月寒"，在面试活动中，语言作为一种最基本的媒介形式，包括了听话和说话两方面。

（1）做善解人意的倾听者

在面试过程中，大学生在倾听时要做到虚心、专心、耐心，这是对说话的人表达的无声的尊敬和赞美，能拉近自己和面试考官之间的距离。

第一，尽量记住在场主考官的姓名与职位，不要称呼错，以示自己的用心和尊重。

第二，始终保持认真、专注的倾听状态，掌握对方讲话的内容重点。

第三，不要打断对方的说话，即使自己不同意对方的观点，也不要急于辩解，等对方说完再委婉地阐明自己的看法和态度。即使对方发言过长、乏味甚至表述不清楚，也不要表露出厌烦、心不在焉、轻视的神态，更不要因为对方观点与你不一致而与人当场争执，否则会给人留下不懂礼貌、不尊重他人的印象。

（2）做受欢迎的表达者

第一，要培养良好的语言习惯。在任何场合都应当说普通话，注意语言的规范，避免方言土语、生造词语等。培养良好的语言习惯必须加强平时的训练，要勇于与人交流，可以向在语言表达方面有长处的同学多学习，请他们找出自己不如人意的地方。

第二，要注意用语文明礼貌，可尽量使用敬语以示对面试方的尊重。有很多同学平时跟人说话随意惯了，且有很多不文明的口头禅，一定要注意改正。

第三，语言要精练。自我介绍、回答问题时要简明扼要，切忌罗唆、散漫。

第四，可适当地赞美对方或对方的企业，但一定要自然贴切，不能言过其实。

第五，保持与人交往的平常心和自信的谈话态度。一位专家说过，面试过程是一个交朋友的过程，没有固定的问题和形式，因人而异。因此，自己的心态相当重要，积极自信、镇定自若的心态，可以让你在面谈过程中保持思路清晰、表达流利的良好状态。谦虚但不能缺乏主见、没有立场，自信但不能自以为是、夸夸其谈。

案例 15 提高语言能力，展示综合素质

　　湖南祁东籍学生小周成绩优异，是个做实事的人，但因为自卑于普通话不标准，他一般不喜欢在公共场合表达自己。某年暑假省电信公司来学校招聘一批暑期实习生从事营销工作，小周也报了名，希望在实习期表现优秀为自己毕业后进入该公司工作打下良好基础。面试前几周，小周就开始准备自我介绍的书面材料，并反复修改，但没有在别人面前试讲过。面试时，同组应聘的同学面带微笑，自信、简洁地介绍自己，唯独小周表现得十分紧张，吞吞吐吐得让大家几乎听不清他介绍的内容，因此他在第一轮面试时就被淘汰了。而另外一名山西学生小马，外貌出众，在任何场合都能侃侃而谈，却也在招聘中意外落选。负责招聘的一名女考官表示，刚开始大家对帅气、自信的小马印象非常不错，但一问到专业问题，小马不仅答不上来，还拼命找借口给自己圆场，于是大家对他的印象一落千丈，觉得他过于油滑、浮夸。

评析

　　面试时流利得体的语言表达有助于向用人单位全面展示自己的综合素质。案例中小周本身存在不善言辞的不足，应抓紧时间多说多练，培养自己良好的语言习惯，但他却没有意识到这一点，因此在面试中表现得缺乏自信、表达不清，连自己都不能成功推销的人当然会让用人单位觉得不适合营销岗位。而小马尽管口才出众，却没有摆正面试的态度。即使没有很好地回答专业问题，若实事求是地承认自己的不足，有时反而会让人觉得他们诚实可爱，面试方更看重的是从言行中体现出来的个人品质。

第 5 节　面试技巧

　　1. 面试前的技巧

　　第一，知己知彼，事先了解应聘单位的企业背景、企业文化等相关信息，模拟可能询问的应聘问题，对可能遇到的问题进行准备，练习处理对自己面试不利的事情。事先确定合适的面试服装，弄清楚面试的具体地址，事先准备好面试所带物品，如简历、证书等。

　　第二，保证良好的睡眠，用适合自己的方式如做运动、听音乐等来使自己保持轻松、自信的状态。

第三，提前10分钟左右到达面试现场，让自己做简单的仪表准备和心态调整，以免仓促上阵影响正常发挥。

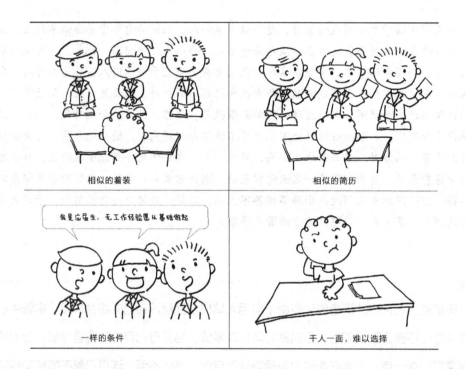

| 相似的着装 | 相似的简历 |
| 一样的条件（我是应届生，无工作经验愿从基础做起） | 千人一面，难以选择 |

2. 面试中的技巧

第一，注重面试时的仪态礼仪及语言礼仪。

第二，倾听时注视说话者，保持自然的微笑，身体微微倾向对方，以示对说话者的重视。集中精力听招聘方的每一句话，以便了解对方表达的潜在内容，获取更多有效信息，适当地对对方说的话做出一些反应。

第三，表达时要做到发音清晰、咬字准确、语调得体自然、音量适中、语速适宜，自我介绍时语言要简明扼要、表达流利、文雅大方。

第四，回答问题时确认提问内容，若不清楚时可礼貌地请求对方将问题复述一遍，或先谈自己对这一问题的理解，请教对方以确认内容，切忌答非所问。具有独到的个人见解和特色的回答往往会引起对方的兴趣和注意。面试遇到自己不知、不懂、不会的问题时，回避闪烁、默不作声、牵强附会、不懂装懂的做法均不足取，诚恳坦率地承认自己的不足之处，反倒会赢得主试者的信任和好感。

第五，掌握谈话技巧。例如，询问敏感性较强的问题时可以语气委婉、谦虚些，而不能过于直白；若遇到对方询问一些有冒犯性或与工作无关的问题时，可以保持不卑不亢的态度委婉拒绝……有的用人单位专门提一些无理的问题试探你的反应，或是你会遇到刻意营造或偶然的沉默尴尬的情境，不管遇见什么情况，都要沉住气，确保清晰的思维，冷静应对。适当的时候可以插进幽默的语言，增加谈话轻松愉快的气氛，展示自己的从容风度。

3. 面试结束后的技巧

面试结束后，无论是被认可还是被回绝，都应始终保持自己良好的素养和风度。当主考官示意可以离开时，要有礼貌地告辞，可以适时地向主考官强调自己对应聘工作的渴望，表达自己的真诚谢意。面谈面试结束后，若是一味静待消息，不了了之，也可能会失去你本应有的良机，你可在恰当的时间内主动与对方联系了解情况。即使面试不成功，也可虚心向对方询问自己有哪些欠缺，正确面对自己的失误和失败，每次的面试都是你踏入职业生涯进行学习总结的可贵机会，这些反馈信息能让你不断完善自己。

案例 16　重视面试细节，把握求职机遇

女生小王是宁波一所大学的2009届毕业生，在一次招聘会上，她向当地的一家知名外企递上了自己的简历应聘会计，对方见是无工作经验的应届生便婉拒了，但小王很诚恳地请求公司给自己一个参加笔试的机会，面试官拗不过，答应了她的请求。小王获得了笔试第一名，由人力资源部何经理亲自复试。面试中，小王缺乏工作经验的不足暴露出来，何经理淡淡地对她说了句"如有消息，我会打电话通知你"。不料小王从座位上起身，从口袋里掏出一枚一元硬币，双手递给何经理："不管是否录取，请都给我打个电话。"何经理以前没碰到过这样的事，觉得很奇怪："你怎么知道我不给没有录用的人打电话？""您刚才说，有消息就打电话通知，那言下之意就是没录取就不打电话了。""如果你没被录取，让我打电话，你想知道些什么呢？""我想知道，在什么地方我不能达到你们的要求，在哪些方面还不够好，我可以改进，方便我今后求职。"小王回答得很认真，"给没有被录用的人打电话，不属于公司的开支，所以应该由我来支付电话费。请您一定要打。"最后，事情峰回路转，何经理当场表示录用小王。

评析

做财务的人，耐心、细心、诚信、负责，这些品格不可或缺。首先，小王一开始被拒，却一再诚恳争取，这说明她有坚毅的品格。其次，小王坦言自己没有工作经验，显示了一种诚信。最后，那递上一元钱的举动，可以看出这个女孩有直面不足的勇气和敢于承担责任的上进心。同时，自掏电话费，反映出她公私分明的良好品德。对用人单位而言，小王通过面试时的种种细节所体现出的个人良好的素质和人品，这些有时比资历和经验更为重要。

第6节 个人权益保护

根据《中华人民共和国劳动法》（以下简称《劳动法》），大学毕业生在就业时作为一个普通劳动者，应享有劳动者的基本权利。虽然"双向选择"的就业政策规定了用人单位和毕业生之间的平等关系，但由于目前我国就业市场供大于求的严峻形势，使毕业生处于一种相对弱势的地位，再加上他们自身社会经验不足、法律知识贫乏、法律意识淡薄和自我防范及保护意识不强等，因此在实际生活中，大学生的个人权益屡遭侵犯。因此，我们每个毕业生都要了解自己的就业权益，懂得与就业密切相关的法律常识和就业权益受损时的基本处理程序，正确运用法律武器保护自己，避免上当受骗。

1. 劳动合同

（1）劳动合同的性质

《劳动法》第16条规定："劳动合同是劳动者与用人单位确立劳动关系、明确双方的权利与义务的协议。建立劳动关系应当订立劳动合同。"《劳动法》的这一规定，为劳动合同作为劳动者与用人单位确立劳动关系的基本形式提供了保障，同时，2008年1月1日新实施的《中华人民共和国劳动合同法》（以下简称《劳动合同法》）在用工必须签订书面劳动合同、纠正滥用试用期的行为、纠正劳动合同短期化现象、制定企业规章制度应遵循的规范以及合同到期前终止时要支付经济赔偿金等方面对《劳动法》进行了完善。

（2）劳动合同的种类

劳动合同可分为固定期限劳动合同、以完成一定工作任务为期限的劳动合同和无固定期限劳动合同。

① 固定期限劳动合同

固定期限劳动合同，是指用人单位与劳动者约定合同终止时间的劳动合同。比如1年、2年、3年，期限是明确的。合同期限届满，劳动关系即告终止。若双方协商一致，还可以续订合同，延长期限。

② 以完成一定工作任务为期限的劳动合同

以完成一定工作任务为期限的劳动合同，是指根据劳动者所担负的工作任务，用人单位与劳动者约定合同期限的劳动合同，一般适用于季节性、临时性的工作，如工程建设方面就经常签订此类合同，一旦工程结束合同也就结束了。

③ 无固定期限劳动合同

无固定期限劳动合同，是指用人单位与劳动者约定无确定终止时间的劳动合同。合同虽无确切终止时间，但规定了解除合同的条件，这种条件在双方履行过程中一旦具备，合同即可终止。反之，若无双方约定或法律规定的解除条件出现时，劳动关系在劳动者退休时才终止。

（3）劳动合同的订立

劳动合同的订立必须遵循"合法、公平、平等自愿、协商一致、诚实信用"的原则。订立的主体即订立劳动合同的双方必须具有签订劳动合同的法律资格：劳动者一方必须达到一定的年龄才能成为劳动合同的主体；用人单位必须是依法成立的企业、事业、国家机关、社会团体、民营和个体经营企业单位。订立劳动合同的内容要合法，即指劳动合同的各项规定必须是符合劳动法规和国家政策的规定。

劳动合同订立的程序：我国有关劳动法规规定，订立劳动合同要经过要约和承诺两个阶段。要约由提出合同建议的一方提出，承诺是另一方完全接受，承诺后合同即告成立。

（4）劳动合同的终止及违反劳动合同的责任

① 劳动合同的终止

劳动合同订立后，双方当事人不得随意终止劳动合同。只有在法律规定或当事人约定的情况出现时，劳动合同才自行终止。一般有以下6种情形：劳动合同期限届满；企业宣布破产或依法解散、关闭、撤销；劳动者被开除、除名或因违纪被辞退；劳动者完全丧失劳动能力或者死亡；劳动者达到退休年龄；法律、法规规定的其他情况。

② 违反劳动合同的赔偿责任

根据我国《劳动法》及劳动和社会保障部（原劳动部）《关于发布〈违反劳动法有关劳动合同规定的赔偿办法〉的通知》（劳部发[1995]223号）的规定，劳动合同当事人即用人单位和劳动者任何一方违反劳动法有关劳动合同规定的都应依法承担赔偿责任，并明确了双方的相关赔偿责任。

用人单位违反劳动合同规定的赔偿责任包括：造成劳动者工资收入损失的，按劳动者本人应得工资收入支付给劳动者，并加付应得工资收入的25%的赔偿费用；造成劳动者劳动保护待遇损失的，应按国家规定补足劳动者的劳动保护津贴和用品；造成劳动者工伤、医疗待遇损失的，除按国家规定为劳动者提供工伤、医疗待遇外，还应支付劳动者相当于医疗费用的25%的赔偿费用；劳动合同规定的其他赔偿费用。

劳动者违反劳动合同规定的赔偿责任包括：劳动者违反劳动合同的约定解除劳动合同，劳动者必须承担用人单位招收录用其所支付的费用；劳动者违反劳动合同的约定解除劳动合同，劳动者必须承担用人单位为其支付的培训费用，双方另有约定的按约定办理；劳动者违反规定或劳动合同的约定，解除劳动合同，对用人单位的生产、经营和工作造成直接经济损失的，劳动者必须承担赔偿责任；劳动者违反劳动合同中约定的保密事项，给用人单位造成经济损失的，按《反不正当竞争法》第20条的规定向用人单位支付赔偿费用；用人单位与劳动者在劳动合同中约定的其他赔偿费用。

（5）签订劳动合同需注意的事项

① 仔细阅读合同文本

在签订劳动合同的过程中，用人单位大多是要约方，一般由其草拟提出所签劳动合同文本。因此，大学生就业在签订劳动合同前，一定要向用人单位索要合同文本，然后仔细阅读，了解所要签订的劳动合同中的内容是否合法，条款规定的权利和义务是否对等，措辞是否明确具体等。如果条件允许的话，最好将合同拿回家，请有经验的长者或从事法律工作的人审阅，无疑之后再签字。

② 要求解释合同

劳动合同中的条款若写得不够明确或者自己理解困难，一定要请用人单位进行条款解释。即便有些重要条款表面看起来已经十分明确，但解释非常必要，以防双方对合同理解产生分歧。

③ 商谈

在签订劳动合同过程中，双方是平等的，如果自己对合同中的某些条款有不同的看法，甚至存在与用人单位有分歧的地方，可以提出你自己的看法与修改意见和对方协商。如果在双方商谈过程中，你认为涉及原则问题的条款双方分歧较大，达不成共识，那你宁可另谋出路，也不要委曲求全。

　　大学毕业生在择业应聘过程中必须重视签订劳动合同这一重要环节，不签订劳动合同或者约定内容和条款过于笼统甚至违法、违规都是对毕业生就业权益的侵犯，更不允许采取欺诈和胁迫的方式要求毕业生签订劳动合同。同时，劳动合同一经签订便具有相应的法律效力，毕业生作为签约主体也应该严格按照有关约定履行自己的义务。一旦毕业生有违约行为发生，毕业生同样必须承担违约责任，作出相应赔偿。

案例 17　提升法律意识，维护自身权益

　　小张2010年3月入职时，公司口头告知其有3个月的试用期，但并未与小张签订书面的劳动合同。2010年5月，公司决定辞退小张，理由是他未通过试用期。小张觉得很突然，也觉得委屈，因为他认为自己在试用期非常努力且在各方面都力争良好。在这种情况下，小张该怎么办？

评析

　　根据《劳动合同法》第10条"建立劳动关系，应当订立书面劳动合同"的规定，公司应当在2010年3月份内与小张签订书面劳动合同。已建立劳动关系，未同时订立书面劳动合同的，应当自用工之日起一个月内订立书面劳动合同。但截止到同年5月，公司仍未与小张签订书面的劳动合同，因此该公司违反了上述法律规定。根据《劳动合同法》第82条"用人单位自用工之日起超过一个月不满一年未与劳动者订立书面劳动合同的，应当向劳动者每月支付两倍的工资"的规定，公司理应支付小张4月份的双倍工资。

　　同时，根据《劳动合同法》第19条第4款"试用期包含在劳动合同期限内。劳动合同仅约定试用期的，试用期不成立，该期限为劳动合同期限"的规定，公司与小张未签订书面的劳动合同，因此其口头约定的试用期是无效的，在此前提下，公司无权以小张未通过试用期为由进行辞退，这也是一种违法行为。《劳动合同法》第48条规定：用人单位违反本法规定解除或者终止劳动合同，劳动者要求继续履行劳动合同的，用人单位应当继续履行；劳动者不要求继续履行劳动合同或者劳动合同已经不能继续履行的，用人单位应当依照本法第87条规定，即依照本法第47条规定的经济补偿标准的两倍向

劳动者支付赔偿金。所以，小张可以要求公司继续履行劳动合同，若不要求继续履行劳动合同，可要求用人单位按照经济补偿标准的两倍进行赔偿。

2. 求职陷阱

案例 18　提高警惕意识，避免误入传销

　　小康平时性格内向，不善言辞。眼见着身边的同学一个个都找到了称心的工作，而自己却屡遭拒绝，小康暗自着急。在QQ上，小康遇见了自己一个很久没有联系的老同学，闲聊间，他向同学诉说自己的苦闷心情。该名同学痛快地表态，让小康去投奔她，说她在西安发展了几年，有不少人脉，介绍一份待遇不错的工作给小康问题不大。小康高兴地逢人就说自己找到工作了。谁知道他刚到西安便被人没收了行李和证件，被人控制起来天天上课，他这才知道原来自己被老同学骗进了传销组织，成为了那个老同学的下线。小康好不容易才找了个机会逃回了学校。

案例 19 摸清公司资质，拒绝空壳公司

气派、整洁的办公场地；漂亮、穿着得体的前台小姐；温和、谈吐优雅的公司领导；墙上挂满了公司的营业证件和获奖证书……这一切都让顺利通过面试的玲玲等女生兴奋不已。并且，公司表示他们对员工有严格要求，将请国内知名的培训讲师对新进员工进行统一培训。由于此次培训含金量极高，对玲玲她们本人以后的职业发展有极大帮助，因此公司承担培训的主要费用，而玲玲她们本人也应相应承担部分费用。尽管费用不低，但玲玲她们想到自己可以进入一家优质的公司，成为真正的白领还是痛快地交了培训费。公司说等联系好讲师、安排好场地、做好一切准备工作后再通知玲玲她们培训的具体时间。即使等了一个多星期，女生们也无人通过电话、网络等途径核实公司的相关情况，而等她们觉得不对再去公司时，公司早就人去楼空了。

案例 20 及时签订协议，维护合法权益

某高校毕业生小甘，家庭生活艰苦，他一直向往沿海城市，想去感受那里蓬勃的发展朝气，寻找个人发展的良好机遇。通过网上招聘，他进入了广州的一家公司。这是一家新成立的公司，因为人员有限，小甘常常被一个人当几个人用，但他都默默地忍受下来，特别珍惜这样一次工作机会，希望通过自己的努力领到第一个月的工资寄回去为父母减轻负担。不料，临近发工资的日期，小甘在使用公司传真机时出现故障，公司以此为借口将他开除了。小甘工资领不到了，自己的生活都没有了着落。想去找公司理论，却发现他们之间始终没有签订任何合同。在陌生的城市，小甘欲哭无泪。

评析

案例中的同学们都遇到了求职陷阱。所谓求职陷阱，就是指在大学生就业过程中，用人单位或一些不法分子为达到某种目的，利用大学生涉世未深、求职心切的弱点，有意设计的形形色色的圈套。2010年据智联招聘网与上海人才服务行业协会进行的3·15职场维权大调查中关于"求职陷阱"的特别调查显示，近半数求职者曾在上海遭遇过"求职陷阱"。而2009年在《山西青年报》倡议下，太原师范学院创业慈善联盟、太原师范学院创业协会在太原师范学院论坛上通过324人参与网络投票的方式，联

合完成的首份《山西大学生求职受骗心理调查》问卷调查结果显示：78.76%的大学生通过网络、电视、报纸等途径都能了解到企业骗人的方式；87.23%的大学生称很难识别哪些企业是骗人的；67.32%的大学生称尽管自己知道有些企业可能存在问题，但是还会继续参加面试求职，有"二次受骗"经历；76.85%的大学生受骗是因为持有不想失去求职机会的心理。

常见的就业陷阱主要有如下几种。

（1）招聘陷阱

一是未经有关主管单位审批的不合法招聘会。参加招聘的单位良莠不齐，大多只为凑数，以便主办单位收取高价门票。二是利用报纸特别是小报等刊登虚假广告。三是变相收费。按照国家规定，严禁招聘单位在大学生就业中收取保证金、押金等费用，但仍有单位巧立名目向大学生索要报名费、资料费、培训费等。四是打着招聘或介绍工作的幌子，欺骗、逼迫毕业生从事传销或其他违法事情。

（2）中介陷阱

一是不法分子打着"××职业介绍所"或"××人才交流中心"的牌子，在临时租借的办公地点，进行所谓的代理招聘工作。所代理的公司大多是知名大型的企业，招聘职位都是条件优越的工作，利用这些虚假信息骗取高额中介费。二是介绍与求职者要求甚远的用人单位，在缴纳一定费用后，求职者工作不到几个月，就会被以"试用不合格"等种种理由开除。三是非法中介机构之间相互串通，以大城市高薪就业、落户等名义开展中介并收取中介费后，再将求职者介绍给外地中介。外地中介找不法单位或私人小企业让大学生打零工，而户口、档案却长期非法滞留，甚至被丢失。

（3）协议陷阱

第一种为口头承诺。口头承诺因没有形成协议书，缺乏法律效力，一旦协议主体间发生矛盾，吃亏的一般都是毕业生。第二种是不平等协议。因为大学生求职心切且缺乏维权意识，用人单位利用学生对不平等条款不了解、不清楚或不敢提出异议的心理，使就业协议成为有利于自身的"霸王合同"。第三种是用就业协议代替劳动合同。有些用人单位就以这种方式与毕业生进行不合法约定，以达到其违法用工的目的。

（4）试用期陷阱

一是某些用人单位在与大学生签订劳动合同时，故意不约定试用期。二是试用期或见习期过长。有的试用期超过一年甚至长达两年；有的单位故意延长见习期；有些单位签的是劳动合同，书写的却是见习期等。三是廉价、无偿试用，很多用人单位利用毕业生年轻、法律观念淡薄，以考核他们的工作能力为借口，安排毕业生从事大量的宣传、推销、跑腿、做苦力等工作，只支付试用期的微薄报酬，或以试用不合格为由，辞退学生，无偿试用。

（5）培训陷阱

在大学生就业中，常常会出现各种培训机构的影子。因被其提供的"高薪就业"、

"保证就业"的承诺吸引，或抱着为自己再镀一层金的想法，很多毕业生走进了各种培训陷阱。有的培训机构在收取培训费后以种种理由不给安排工作；有的大学生交了昂贵的培训费后，被推荐到一些位置偏远、层次较低的企业和无人问津的岗位，不是自己无法忍受自动走人，就是被单位借故辞退；还有些培训机构与大学生签订不合理的长期劳动合同，以此扣押学生证件或收取数目不菲的违约金等。

（6）安全陷阱

一是以招聘为由索要身份证、毕业证等各种证件的原件或复印件以及私人的签名、盖章等，使很多毕业生不知不觉地成为欠费、担保人等各种形式的债务人，或被不法分子敲诈勒索。二是以好工作、高待遇为诱饵，骗取大学生信任，从而达到劫财劫色、拐卖人口、从事非法活动等目的。这种陷阱不仅侵害了大学生的合法权益，甚至危及他们的人身安全，尤其是女生，要格外警惕此类陷阱。

由此可见，大学生在就业过程中面对的陷阱呈现出多样化、复杂化的趋势，让人防不胜防。如何保护自我，防止误入求职陷阱？对策主要有以下几个。

（1）加强防范意识，端正求职心态

毕业生在学校学习知识和专业技能的同时，应利用各种机会接触社会，了解社会现状，参加社会活动，以增加自己的社会阅历，丰富自己的处事经验。对自我有客观、正确的定位，在求职过程中不盲目求成、不好高骛远、不要有太强的虚荣心、不相信有"天上掉馅饼"的好事，一旦冷静下来，多对事情分析、判断，就不会轻易被人利用、欺骗。

（2）对用人单位进行全面考察，提高自己对真伪事物的识别能力

谨慎对待招聘广告，选择正规的人才市场、职介所和信誉好的求职网站。多用心观察招聘单位的环境或招聘人员的个人素质，利用多种途径咨询了解用人单位注册、运营等信息。

（3）切勿轻易缴纳各类费用和抵押证件，不要轻易提供过于详细的个人信息

在劳动保障部颁布的《劳动力市场管理规定》中明确规定：禁止用人单位向求职者收取招聘费用；向被录用人员收取保证金或抵押金；扣押被录用人员的身份证等证件；以招用人员为名牟取不正当利益或进行其他违法活动等行为。

因此，我们在应聘时一定要掌握好以上原则。在给招聘单位留自己的联系方式时，只要留下手机、电子邮箱等就足够了，千万不要因求职心切，担心联系不畅而毫无防范意识地将自己的家庭电话或亲朋好友的电话提供给自己并不完全了解的"招聘单位"，避免让不法分子找到空子。

（4）认真学习法律法规，重视签约环节

就业前一定要认真学习《劳动法》、《劳动合同法》等劳动法律、法规。其次，在签订协议、合同时，要仔细阅读合同中的所有条款以及附加条款。如有不清楚或难以理解的地方，可以要求用人单位进行解释；如有对自己不利之处不要立即签约，对不合法、不合理或不真实的合同要敢于说"不"，勇于维权，寻求法律途径的帮助，维护自己的合法权益。

（5）注意面试安全，防范非法工作

最好避免在可疑的时间或者偏僻、隐秘的地点进行面试。面试时要注意观察面试人员的形态、特征及言行举止，不要将钱财、证件等重要物件交给对方，不要提供家庭电话、亲朋好友联系方式等重要信息，不要随便吃喝对方提供的食物、饮料。总之，大学毕业

生，尤其是女性毕业生在面试时一定要保持警惕、谨慎小心，确保自己的人身安全。在求职过程中，若是发现工作性质不清、任务不明、用人单位遮遮掩掩、行动诡秘或是轻易许诺、吹得天花乱坠，这时就要特别留心，以免误入非法组织，被哄骗、逼迫从事涉毒、传销、造假、色情等非法工作。

3. 社会保险

（1）社会保险的种类和作用

社会保险是以国家为主体，对有工资收入的劳动者在暂时或者永久丧失劳动能力，或虽有能力而无工作即丧失生活来源地情况下，通过立法手段，运用社会力量给这些劳动者以一定程度的收入损失补偿，使之能继续达到基本生活水平，从而保证劳动力再生产和扩大再生产的正常运行，保证国内社会安定的一种制度。中国的社会保险主要包括养老保险、医疗保险、失业保险、工伤保险、生育保险五大险种。社会保险既不同于社会救济，也不同于职工工资，它是对社会所属成员具有普遍保障性的一种福利政策，不以赢利为目的。

① 养老保险

养老保险是国家立法规定，在劳动者达到国家规定的解除劳动义务的劳动年龄界限或因年老丧失劳动能力而退出劳动岗位后为其提供基本生活保障的一项社会保险制度，是社会保险中最重要的险种之一。我国实行社会统筹和个人账户相结合的基本养老保险制度。在基本养老保险的统筹中采用传统型的基本养老保险费用的筹集模式，即由国家、单位和个人共同负担，《社会保险法》第2章第9条规定"职工应当参加基本养老保险，由用人单位和职工共同缴纳基本养老保险费。无雇工的个体工商户、非全日制从业人员可以参加基本养老保险，由个人缴纳基本养老保险费。公务员和参照公务员法管理的工作人员参加基本养老保险的办法由国务院规定"。

通信专业的学生毕业后大多将进入与通信业务营运、通信设备制造等相关的企业工作，在办理养老保险时可从《国务院关于建立统一的企业职工基本养老保险制度的决定》(国发[1997]26号)中了解如下内容：企业缴纳基本养老保险费的比例，一般不超企业工资总额的20%；个人缴纳基本养老保险的比例达到本人缴纳工资的8%；按职工个人缴纳工资11%的数额为职工建立养老保险个人账户，个人缴纳全部记入个人账户，其余部分从企业缴费中划入；个人缴费年限累计满15年的，退休后按月发给基本养老金（退休指已达到法定退休年龄并办理退休手续）。

② 医疗保险

医疗保险是国家立法规定，保证劳动者的健康受到损害时能够通过社会调剂得到必需的基本医疗服务或经济补偿，减少因治疗对生活和工作的影响的一项社会保险制度。医疗保险覆盖城镇所有用人单位及其职工，所有企业、国家行政机关、事业单位和其他单位及其职工必须履行缴纳基本医疗保险费的义务。我国的基本医疗保险制度实行社会统筹与个人账户相结合的模式，统筹基金主要用于支付住院和部分慢性病门诊治疗的费用，统筹基金设有起付标准、最高支付限额；个人账户主要用于支付一般门诊费用。目前，用人单位的缴费比例为工资总额的7%左右，这部分缴费一部分用于建立统筹基金，一部分划入个人账户；个人缴费比例为本人工资的2%，全部计入个人账户。

在基本医疗保险之外，各地还普遍建立了大额医疗费用互助制度，以解决社会统筹基金最高支付限额之上的医疗费用。国家为公务员建立了医疗补助制度。有条件的企业可以为职工建立企业补充医疗保险。

③失业保险

失业保险为因失业而暂时中断生活来源的劳动者提供物质帮助，从而促进其再就业。《失业保险条例》将失业人员明确限定为在法定劳动年龄内（16~60周岁）的有劳动能力的就业转业人员。在法定劳动年龄内，若不具备相应的劳动能力（即从事正常社会劳动的行为能力），并不能视为失业人员，如精神病人、完全伤残丧失劳动能力的人员等；处在法定劳动年龄内，但在校读书、服军役或没有就业意愿的无业者不归属失业范畴。

享受失业保险待遇必须满足以下3个条件：按照规定参加失业保险，所在单位和本人已按照规定履行缴费义务满1年（单位缴纳工资的0.2%，个人缴纳工资的0.1%）；非因本人意愿中断就业；已办理失业登记，并有求职要求。

④工伤保险

工伤保险是国家立法规定，当劳动者在生产、工作中所发生的或者在规定的某些特殊情况下，遭受意外伤害、职业病以及因这两种情况造成死亡，在劳动者暂时或永远丧失劳动能力时，国家和社会为劳动者或其家属提供必要的医疗救治、经济补偿、生活保障、医疗和职业康复等物质补偿的一项社会保险制度。根据《工伤保险条例》的规定，工伤保险的适应范围包括中国境内各类企业、有雇工的个体工商户以及这些用人单位的全部职工或者雇工。工伤保险的缴费由用人单位缴纳工资总额的0.4%，个人不需要缴纳。

工伤是指职工在工作过程中因工作原因受到事故伤害或者患职业病，其具体认定可依据相关法律法规，例如《工伤保险条例》、《职业病防治法》等。被认定为工伤的职工依照劳动能力鉴定部门出具的伤残鉴定，享受不同等级的工伤待遇。

⑤生育保险

生育保险是通过国家立法规定，在劳动者因生育子女而导致劳动力暂时中断时，由国家和社会及时给予物质帮助的一项社会保险制度。我国生育保险待遇主要包括两项：一为生育津贴，用于保障女职工产假期间的基本生活需要；二为生育医疗待遇，用于保障女职工怀孕、分娩期间以及职工实施节育手术时的基本医疗保健需要。享受生育保险待遇必须满足以下条件：符合国家和省人口与计划生育规定，用人单位为职工累计缴费满1年以上，并且继续为其缴费。生育保险由用人单位缴纳工资总额的0.85%，个人不需要缴纳。

《社会保险法》中对"生育保险"的规定是只有女性享有的，但是已经有26个省、市、自治区都设立了"男方护理假"或者"配偶护理假"，在这些地方生育保险不分男女，单位都必须参保。男性参保，主要享受计划生育手术发生的医疗费用报销，还有一些晚育津贴等，按当地规定执行，也是单位缴纳，个人不需要缴纳。

（2）社会保险是对个人权益的重要保障

在就业时，社会保险并不是毕业生最为关注的问题，他们更关注月薪等实实在在的物质。由于意识的淡薄以及对社会保险知识的匮乏，大学生往往在职场吃亏上当。大学生必须明白享受社会保险是宪法赋予每个公民或劳动者的一项基本权利，用人单位和劳动者参加社会保险是法定的义务，用人单位和劳动者必须参加社会保险，缴纳社会保险费。只有通过参加社会保险，劳动者在年老、患病、工伤、失业、生育等情况下才能获得帮助和补偿，从而合法维护自己的切身利益。

案例 21　遵守劳动法规，履行办险义务

　　2009年6月，陈××等5名同学到某公司应聘。公司在待遇方面提出，如果职工坚持要求办理社会保险，公司将每月从职工工资中扣除300元。陈××等觉得还是多拿点工资好，至于办不办保险，也没有什么关系。于是双方签订了一年的劳动合同，在合同中规定每月工资2200元，对社会保险事宜公司不予负责。

　　同年12月，该市劳动保障监察大队在劳动保障年检中发现该公司没有依法为签订劳动合同的职工办理社会保险，遂对其下达限期整改指令书，责令该公司为陈××等人及其他情况相同的劳动者办理社会保险登记、申报、补交社会保险费，但公司拒绝为他们办理社会保险，理由是双方已协商同意公司不负责社会保险，并在劳动合同中明确约定。最终，劳动保障行政部门依据《社会保险费征缴暂行条例》对该公司直接负责的主管人员进行了行政处罚。

评析

　　该案争议的焦点在于劳动合同中互有约定，用人单位是否可以不为职工办理社会保险。

　　社会保险是国家立法规定的强制保险，为职工办理社会保险是用人单位法定义务。国家制定的一系列法律法规保障职工依法参加社会保险。《劳动法》第9章第72条明确规定："用人单位和劳动者必须依法参加社会保险，缴纳社会保险费。"《社会保险费征缴暂行条例》第4条规定："缴费单位、缴费个人应当按时足额缴纳社会保险费。"并且，明确规定了缴费单位的义务：向当地社会保险经办机构办理社会保险登记，参加社会保险；按月向社会保险经办机构申报应缴纳的社会保险费数额并在规定的期限内缴纳，履行代扣代缴义务等。

　　因此，陈XX所在公司有义务为其办理社会保险。而本案中，双方约定公司不负责为陈XX等人办理社会保险，虽然是双方在自愿基础上的约定，但是约定内容与法律、法规的规定相抵触，自愿签订并不能改变其违法性质，因此该条款是无效条款，对合同双方没有分类约束力。该公司应当依法修改合同内容并为陈XX等人办理参加社会保险手续。

案例22 了解工伤法规，明确责任划分

某职工春节回家探亲返程时，因春运紧张，多次未能搭坐上客车，这时单位要其提供一份档案材料，于是打电话催他返回上班，该职工便骑摩托车返回单位，途中一辆四轮拖拉机横穿公路与其相撞后驾车逃逸，该职工经抢救无效死亡。单位根据《工伤保险条例》第14条（6）款在上下班途中遇到机动车事故伤害的应认定为工伤的规定提出工伤认定申请，但当地劳动部门认为该职工是在法定节日后返回单位途中遇到的车祸，不符合工伤认定规定。

评析

《工伤保险条例》第14条（6）款规定，在上下班途中遇到机动车事故伤害的，应当认定为工伤，所指的上下班途中应是职工工作单位至居住处日常往返的路途。该职工利用春节到异地探亲，假后由探亲地返回工作单位的路途显然已超出日常上下班路途的范围。因为国家规定中对职工享受探亲假待遇的路途有明确的界定，探亲往返路途不同于上下班途中。所以，当地劳动部门指出该职工因交通事故受到伤害不符合工伤认定是正确的，不能只凭其也是去单位上班就忽略了探亲返途和上班途中的明显差别。

4.维权方式

大学生在求职过程中经常遭到就业歧视，如性别歧视、生理歧视、经验歧视、学历歧视、户籍歧视等。同时，不少毕业生走进求职陷阱，被扣押证件、骗取钱财、被迫从事非法工作等。面对以上种种侵权行为我们该怎么办？就业后，因单位不签订书面劳动合同、不办理社会保险、自己被无偿试用甚至无限期试用、拖欠工资等侵权行为而与单位发生劳动争议时，我们又该怎么办？遇到这些问题，除需要有关部门运用立法和监督等手段，通过法律措施加以改善和解决外，大学生应努力增强自我保护意识，学会用法律维护自己的合法权益。

我国目前保护劳动者相关权益的法律法规有《劳动法》、《劳动合同法》、《社会保险费征缴暂行条例》、《劳动保障监察条例》、《国务院关于实施＜劳动保障监察条例＞若干规定》、《中华人民共和国劳动争议调解仲裁法》（以下简称《劳动争议调解仲裁法》）等，由劳动保障行政机关依法对用人单位遵守劳动保障法律法规的情况进行监督检查，发现和纠正违法行为，并对违法行为依法进行行政处理或行政处罚的行政执法活动。

根据以上法律法规的相关规定，劳动者维护个人权益的方式可运用协商、调解、仲裁、诉讼、监察举报投诉、信访6种方式。

（1）协商

对于用人单位一般的违规行为或争议不大的问题，劳动者可与用人单位协商，也可以请工会或者第三方共同与用人单位协商，达成和解协议，或者有过错的一方改正错误，消除争议。

（2）调解

发生劳动争议后，用人单位拒绝协商、协商不成或者达成和解协议后不履行的，劳动者可以向本地区的劳动争议调解委员会提出申请，请求调解。调解申请，应当自知道或应当知道权利被侵害起30日内提出。经调解达成协议后，制作调解协议书，双方当事人应当自觉遵守。

（3）仲裁

劳动者申请劳动争议仲裁，应自劳动争议发生之日起60日内向劳动争议仲裁委员会提出书面申请。劳动争议仲裁委员根据当事人的申请，依法对劳动争议在事实上作出判断，并一般会在收到仲裁申请的60日内作出裁决。劳动争议仲裁委员会受理的劳动争议范围包括：因企业开除、除名、辞退职工和职工辞职、自动离职发生的争议；因执行国家有关工资、保险、福利、培训、劳动保护规定发生的争议；因订立、履行、变更、解除和终止劳动合同发生的争议；因法律、法规规定的其他劳动争议等。双方表示对仲裁裁决无异议后，双方当事人必须履行。

（4）诉讼

劳动者对仲裁裁决不服的，可在自收到仲裁裁决书之日起15日内向人民法院提起诉讼。用人单位在法定期限内不起诉又不履行仲裁裁决的，劳动者可以申请人民法院强制执行。一审法院适用民事程序审理劳动争议案件，一般在立案之日起6个月内结案；如果当事人不服一审判决，可在收到判决书之日起15日内提起上诉，二审法院审理期限一般为3个月。但需注意，未经劳动争议仲裁委员会仲裁的劳动争议案件，法院不予受理。

（5）监察举报投诉

根据《劳动法》"县级以上各级人民政府劳动行政部门依法对用人单位遵守劳动法律法规的情况进行监督检查，对违反劳动法律法规的行为有权制止，并责令改正"以及"任何组织和个人对于违反劳动法律、法规的行为有权检举和控告"的规定，劳动者发现自己的劳动权益受到侵害时，应及时向劳动保障监察部门举报。如果该劳动行政部门执法不当或劳动者对处理结果不服，劳动者可以另行提起行政诉讼。

（6）信访

劳动者在劳动权益受到侵害时，还可以通过信访的方式，向各级工会、妇联以及政府信访部门反映。

应当注意的是，在大学生维权意识日益觉醒的同时，有不少学生由于不能正确处理权利和义务的关系，不能正确认识主客观因素的影响，法律知识匮乏，采取了不正当的维权方式，最终损害了他人及自己的合法权益。因此，在维权过程中我们首先要端正心态，调整情绪，一方面加强自身对法律知识、相关政策的学习和掌握；另一方面要及时向专家、老师、家长、朋辈进行咨询，请求帮助，从而合理合法地维护自身权益。

案例 23 提高法律意识，合理维护权益

小刘是某职业技术学院计算机信息工程系2009届即将毕业的大学生，2008年11月她携带学校颁发的《就业推荐表》应聘被某通信设备公司录用为文员，双方签订了《劳动合同协议书》。进入公司不久，小刘加晚班打印文件，坐摩托车回家途中发生交通事故，造成颅骨骨折。事后，小刘向公司申请给予工伤待遇，但公司以小刘仍是在校大学生，双方签订的劳动合同是无效的为由拒绝了小刘的要求。于是双方到劳动争议仲裁委员会申请劳动仲裁。

评析

小刘先后采用了仲裁、诉讼两种维权方式。

首先，仲裁委审理根据劳动和社会保障部（原劳动部）于1995年颁布的《关于贯彻执行〈中华人民共和国劳动法〉若干问题的意见》（下简称《意见》）第12条规定"在校生利用业余时间勤工俭学，不视为就业，未建立劳动关系，可以不签订劳动合同"，认为小刘应聘至通信设备公司工作，虽不属于业余时间勤工俭学，但其签订合同时的身份仍是在校大学生，不符合就业条件，不具备建立劳动关系的主体资格，因此认定双方签订的《劳动合同协议书》自始无效，裁定驳回了小刘的请求。

小刘很快向市人民法院起诉。法院审理后认为，小刘不存在利用业余时间勤工俭学的情形，不适用《意见》第12条的规定。目前，在校大学生就业是当前社会就业形势的客观需要，若扩大该条款的适用范围不利于保护大学生劳动权利。小刘在签订劳动合同时已年满16周岁，并取得学校颁发的《就业推荐表》，已具备面向社会求职、就业的条件。公司与小刘的《劳动协议书》，是对其基本情况进行了审核后，双方协商一致而签订的，是真实意愿的表示。同时，我国现行的劳动法律法规并未将在校大学生排除在劳动法意义上的劳动者之外，我国《劳动合同法》也未对在校大学生就业做出禁止性规定，故应依法确认双方签订的劳动合同合法有效，因此依法判决双方签订的《劳动合同协议书》合法有效。

课后习题

1.完成毕业生资格审查。

2.撰写1分钟自我介绍。

3.完成电子简历的制作。

CHAPTER

6

调整

思想决定行为，行为决定命运；要改变命运，就要改变行为；要改变行为，必先改变思想。

现在的行为、状况，是以前思想的结果；将来的行为、状况，是现在的思想结果。若想改变自己的生活，走向成功，那就从改变人生态度、调整行动方向开始吧！

　　大学生的求职过程本身就是一个非常复杂的学习过程，及时的调整在求职过程中也显得尤为必要。虽然大学生在校期间学习了一定的专业知识，在求职前做好了充分的准备，学习了一定的求职技巧，但是在求职前大学生一直生活在家庭和学校温暖的环境之中，扮演着儿女和学生的角色，很少独立面对问题，接触外部社会环境，求职只是大学生们迈向社会的第一步，所以大学生应该及时调整好状态投入到全新的工作环境中去，摆正心态去迎接各种新的挑战。

第1节　总结求职经历

案例 24　克服面试紧张，自信展示风采

　　情景一：用人单位到学校来招聘时，小李去面试了，可是才几分钟就被淘汰下来，原因是小李在求职面试中十分紧张，回答问题的时候面红耳赤、语无伦次，面试前辛辛苦苦准备的"台词"、腹稿也忘得一干二净……

　　情景二：小王非常优秀，有十分远大的抱负。因此，一般的单位给予的面试机会他根本不重视，马虎应付了事。他希望等待一个最适合他的机会，但是这个机会迟迟不来，他陷入了迷茫之中……

　　情景三：招聘单位与求职者小张见面的时候，一位领导递上一支香烟请小张抽，可小张却说："不抽！不抽！我没有这种坏习惯！"把招聘者单位的领导搞得十分尴尬，小张的回答也令在座的其他人啼笑皆非。

情景四：通信技术（宽带通信）专业的李丽收到知名企业发来的面试通知时心里既高兴又紧张。一开始，考官对她的素质挺满意。最后，考官对她说："根据你的性格特点，我们想把你安排在办公室，可能跟你的专业不对口，但是我们认为你更适合这个岗位。"李丽拿不定主意，小声地说："我回去和爸爸妈妈商量一下。" 主考官愣了一下，"好吧"，他微笑着说，"不过要记得，以后你参加面试的时候，不要说'和爸爸妈妈商量一下'，因为这样会显得你没有主见，明白吗？"

评析

这些都是在求职应聘中大学生会遇到的一些问题，在择业中这些心理障碍会成为成功择业的绊脚石。对于面试不够重视，马虎应付，或者面试时过分紧张，谈吐不当，都会让毕业生错失求职机会。另外，学生气太重是一些大学生的"通病"。要记住，走上社会后就要学会独立自主，凡事依靠父母的学生，很难获得用人单位的信任。

看完上面的案例，你有什么感受呢？很多同学在求职过程中屡败屡战，这种精神虽难能可贵，但为了避免求职失败的发生或"再次发生"，我们在求职前必须总结他人或自己的求职经验，根据自身情况不断调整自己的求职方法和心态。

求职过程因人而异，可能有些人一帆风顺，有些人却路途曲折，尤其受当前功利主义、拜金主义、享乐主义等思想的影响，就业观念多元化，求职过程中也更容易出现各种矛盾心理。为了能够及时端正心态调整方法，我们就要根据求职过程中可能出现的问题，进行具体的分析，得到解决问题的方法。

1. 找出问题

与计划经济时代不同，当前大学毕业生就业制度是"不包分配、竞争上岗、择优录取"，其实现形式是"国家宏观调控，学校和各级政府推荐，学生和用人单位双向选择"。在这种受市场经济影响的就业形势下，就业形势日趋严峻，竞争压力越来越大。刚刚毕业的大学生，习惯生活在父母的宠爱之下，学校的安逸环境之中，面对就业压力和工作任务很难马上适应，一旦压力过大而无法做到及时解决，就会出现复杂和矛盾的心理，甚至走向极端。

对于学生个人而言，每个人有不同的生活环境、成长经历、家庭背景，他们在求职过程中容易产生两种截然不同的做法：一种是积极准备，不断完善自己，调整自己的目标，总结经验，汲取教训，最终找到理想的工作；另一种是茫然无措，在不了解自己的特点和兴趣的情况下就跟风找工作，乱投简历，匆忙面试，在经历一次次打击后最终放弃。

通过总结，可以得出以下几点影响学生求职心态的因素。

（1）经济和社会环境的变革

改革开放以来，我国经济得到了快速的发展，各领域都取得了巨大的成就，计划经济时代包分配制度已经退出了历史舞台，传统的就业观发生改变，人们的思想观念日益呈现多元化的趋势，这直接影响着学生的就业心理和行为。

（2）父母和家庭的态度

在我国，受传统思想的影响，家庭对于每个人都有着很重要的意义，这也就对人的社会化产生了重要的影响。在传统的中国家庭中，父母往往十分关心子女的职业问题，这不仅关系到子女今后的发展问题，更直接关系着家庭的社会地位，父母为子女的职业选择煞费苦心，而上一辈人的求职经历或求职观念已经不适用于目前社会形势，父母的殷切期盼和过分关注，潜移默化中也影响着子女的择业观念，增加了他们的求职压力。

（3）就业人数的剧增

根据教育部统计，截至2013年7月1日，全国普通高校毕业生就业率为72.2%，同2012年相比增长3.2%；实现就业人数523.6万人，同比增长40余万人。大规模的应届毕业生，加上往年积压的未就业大学毕业生大批进城打工的农民，产业结构调整导致的下岗工人，海外留学归来的"海龟"、"海带"，这都给国内毕业的学生造成了更大的竞争压力，而且这种压力是逐年递增的。

（4）社会评价

社会评价是公众对就业的普遍看法，反映着一般人对职业价值的观念，并以社会职业期望以及社会职业去向的形式影响着大学生的择业心态。人们往往希望自己能获得一份社会地位比较高的职业，受到别人尊重，同时也可以满足自己的自尊需要。

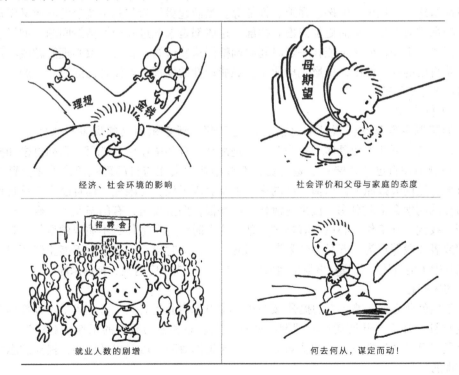

经济、社会环境的影响　　　　　　　　社会评价和父母与家庭的态度

就业人数的剧增　　　　　　　　何去何从，谋定而动！

随着社会的发展及科学文化的进步，人们对职业的评价也随之发生改变，比如，有段时间人们以参军或者工人等职业作为自己的人生目标，到20世纪90年代的"经商热"以及现在的"公务员热"，都反映着人们在一个时期内对某些职业的热衷，这也在很大程度上影响着大学生对自己职业的规划。

2. 分析问题

在求职过程中，大学生往往容易因为以上原因产生较大的心理矛盾和压力。心理矛盾也可理解为心理冲突，它是指两种或两种以上不同方向的动机、欲望、目标和反应同时出现，由于莫衷一是而引起的紧张心态。

心理矛盾如果不能及时发现和调整，就容易产生各种心理问题，主要表现在以下几个环节。

（1）认知问题

认知是指我们对自己的认识。很多时候我们不能给自己做出客观的认知，往往容易形成两种极端心态。一种是自卑，在激励的求职竞争中，有部分学生因为某些原因，比如学校名气不大、专业冷门、自己所学知识不扎实等原因，在求职过程中屡屡失败，这样就容易产生强烈的自卑感，最终变成习惯性的自卑心理。另一种是自负，这部分同学对自身评价过高，给自己设定的理想和目标往往脱离实际，在择业时很难摆正心态去面对单位的严格筛选，以至最后出现我们常说的眼高手低。

（2）情绪问题

健康向上的情绪能够使人心情愉悦，从而做好每一件事情，但面对日趋严峻的就业形势，每个刚刚走出大学的毕业生都会感到一定的压力，甚至是有些迷茫，不知道自己的未来在哪里，尤其是面对用人单位严格的录用程序——笔试、口试、面试、心理测试，难免会产生负面情绪，如焦虑、愤怒、强迫、抑郁等。当鼓起勇气参与其中竞争的时候又发现自己有这样那样的不足，从而更加焦虑和抑郁，这些都是求职过程中的情绪问题，如果过度焦躁、沮丧、不安，而又不能在一定时间内调整好这些情绪，就会导致心理问题或心理疾病，影响自己的身心健康，也影响毕业生主观能动性的发挥，埋没自己的潜力，给求职带来困难甚至造成失败。

（3）行为问题

行为问题主要是在错误认知之后，情绪问题不断累积而最终爆发出来的错误"行动"，往往有以下几方面具体"行为"：一是冲动，有些毕业生在遭遇一系列打击和挫折之后，控制不住自己的情绪；二是自责，有些毕业生会在与自己理想职位失之交臂的时候，分析自己的失败原因，后悔自己的失误以及表现不佳，无限地责怪自己；三是自伤，过度自责的同学会采取自伤手段来发泄自己的悔恨；四是攻击，有的毕业生看到自己身边同学朋友找到了好工作，心里会有嫉妒心理，这个时候再发生什么不愉快的事件，就会引发打架或者斗殴等行为；五是神情呆滞，当遇到挫折的时候，许多学生不能正确面对，而是深陷其中不能自拔，总是心事重重地后悔、自责，造成反应迟钝、神情呆滞。

3. 解决问题

大学生就业心理调整能力的提升，要从外部提升和自我提升两个方面入手。外部提升是通过优化社会环境，开展就业心理健康教育，完善心理健康教育的工作机制等途径实现的；自我提升是通过提高自己的认知水平，参与集体活动，培养积极情感，提高意志力等途径实现的。

在求职过程中遇到困难，甚至经过几次挫折最后才成功是正常的；在就业中遇到许多心理冲突、困惑，产生一些不良情绪也是正常的。每个人都会碰到各种就业问题，谁能够率先脱颖而出获得理想的工作并不是谁安排好的，而是需要自己努力争取，大学生要学会调节自己的心态，使自己能够从容面对就业这一人生重大课题，并做出正确、理智的选择。

如果你遇到了就业心理困扰，不妨试着从以下几个方面来调节。

（1）正确面对现实，调整求职期望

当前，就业市场化和自主择业给大学生带来了机遇与实惠，但许多大学生习惯了学校和家庭的生活，从小学到大学一步步都是在合理安排中度过的，对"市场"残酷的一面了解不足，对就业市场的客观实际了解不够。当我们真的经历过、体验过之后，我们就会发现现实的残酷性，这个时候我们就必须明白现实就是如此，抱怨、愤怒是无法改变客观的事实的。当前，很多毕业生眼高手低，对于某些基层岗位嗤之以鼻，而企业对于管理人员的经验要求则又使刚毕业的大学生无法胜任管理岗位，"高不成低不就"造成了当前就业市场上的用人单位找不到适合的员工、大量的毕业生无处就业的怪现象。

因此，大学生要想顺利就业就必须根据自己的实际情况和就业形势，调整自己的就业期望值。调整就业期望并不是要求大学生不加选择地随便找个工作，而是根据自身实际情况规划自己的职业发展路线。"先就业，后择业，再创业"的办法，是要每个人从基层做起，先选择自己喜欢的行业，不断提高自己的社会生存能力，增加工作经验，然后再凭借自己的努力，通过正当的职业流动和竞争，逐步实现自我价值。

（2）认识职业价值，树立合理的职业价值观

职业的价值是丰富的，我们要充分认识到职业对个体发展、社会进步所起到的重要作用。对于现代社会的人来说，职业的价值已经不仅仅是实现物质上的需求，人们往往希望能够通过自己的工作来实现自己的人生价值。正确的认识职业价值需要树立起合理的职业价值观。

在择业时不能只考虑工作的经济收入、工作条件等因素，更要考虑职业对自我一生发展的影响与作用，应看重职业能否帮助实现自我价值。所以，树立合理的职业价值观是建立在考察社会需要的基础上，树立重视自我职业发展、才能发挥、事业成功的价值观。对于那些现在经济发展水平不高，但发展潜力大、创业机会多的工作地点要优先考虑；对于那些虽然现在工作条件艰苦，但发展空间大，能让自己充分发挥才能的单位也要重视。

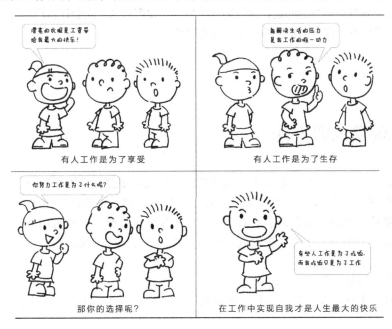

有人工作是为了享受　　　　　　　　有人工作是为了生存

那你的选择呢？　　　　　　　　在工作中实现自我才是人生最大的快乐

（3）认识职业自我，主动抓住机遇

大学生就业中的许多心理困扰都与大学生不能正确认识和接受职业自我有关，因此，正确地认识自我的职业心理特点并接受自我是调节大学生就业心理的重要途径，它能帮助自己找到适合自己的职业方向。

只有真正认知了自我才会知道自己适合什么类型的工作。很多同学在求职过程中屡屡失败后发现自己的能力与水平并不像自己以前想象得那么高，这样就容易产生消极的情绪。因此，在认识自我特点后还要接受自我，对自我当前存在的问题不能一味抱怨，也没有必要自卑。要用发展的眼光来看待自己，要明白每个求职者都有不足之处，我们可以先就业，然后在工作岗位上不断发展自己，完善自己。大学生就业中的机遇因素也是非常重要的，因此在了解并接受了自我特点以后，大学生还要学会抓住属于自己的机遇，主动出击，展示自己优秀的一面，只有这样才能保证以后的求职顺利。

（4）坦然面对失败，提高心理承受力

大学生的求职总会遇到许多困难、挫折甚至是委屈，尤其是当前就业形势严峻，企业的层层筛选让许多人在求职过程中一次次失败。面对这些问题，抱怨是没有用的，更重要的是调整自我心态，提高自己对各种突发事件的心理承受能力。在求职中遇到挫折时，要用冷静和坦然的态度处理，客观地分析自己失败的原因，然后吸取教训，鼓励自己争取下一次的成功。

总之，要正确分析自己失败的原因，调整自己的求职策略，以便在下次的求职中获得成功。

（5）调整就业心态，完善人格

在求职时，自己或身边的同学出现一些不健康的心态是正常的，没有必要过度担心、害怕自己有心理障碍。当然，对于这些不良心态，也要学会主动调适，如参加集体活动、参加体育锻炼、与身边的朋友沟通交流等，必要时还可以寻求有关心理专家的帮助，这些都有助于我们转移注意力，调整就业心态。

如果我们早日发现自身的问题，积极地改变自己、发现自己，就会让自己在今后遇到其他困难时更加沉稳坦然，使自己将来的人生道路更顺利。

第2节 调整求职方法

毕业人数的剧增以及企业对人才要求的提高，导致求职过程中大学生背负着来自各方面的压力与挑战。为什么有人能够从容应对，而有些人却早早淘汰，这里面的原因有许多，但最重要的一点是，求职方法不对，让自己错失良机，而又不及时调整自己的求职方法，以至于最后影响整个人的职业发展。所以针对自己的具体情况，在求职过程中不断调整自己的求职方法。

1.求职方法分类简介

目前，我国大学毕业生就业市场主要由以下几类机构构成：①各级人事部门举办的人才交流中心；②各类民办的人才交流中心；③各级劳动和社会保障部门举办的职业介绍所；④各类民办的职业介绍所；⑤政府有关部门举办的各类劳动力供需交流会；⑥社区劳动服务部门；⑦校园举办的各类毕业生招聘会；⑧学校就业信息平台；⑨专门的职业介绍网站。

针对上述机构，具体有以下3类求职方法。

（1）校园招聘

① 校园招聘介绍

校园招聘就是指利用校园举办的招聘会实现就业，校园招聘是大学生就业的主要途径之一。校园招聘是以校园招聘会的形式出现，是学校针对本校专业设置，与相关企事业单位联系，提供招聘场地等其他条件，为学生与用人单位提供交流机会的招聘形式。

② 校园招聘类型

校园招聘按规模和用人单位参加数量，可分为校园专场招聘会、小型招聘会、校园供需见面会、校际供需见面会。

③ 校园招聘优势

a. 可信度高

由学校主办的招聘会根据本校毕业生具体情况，有选择地邀请用人单位参加招聘会，对用人单位的资质有前期的了解和确认，并能及时解决用人单位和毕业生之间的问题。

b. 针对性强

学校所邀请的用人单位多是与本校设置的专业有密切联系的，根据用人单位的用人需求，在前期可以提前做好宣传工作，给毕业生充足的准备时间。

（2）社会招聘

① 社会招聘介绍

社会招聘是集合所有劳动部门包括公办和民办，在学校外举行的各种形式的人才市场或招聘会。

② 社会招聘现状

a. 参差不齐

各种民办招聘会或人才市场纷纷建立，管理机制不规范，这在使社会招聘选择更多的同时也让一些不具备招聘资格或以欺骗为目的的公司混了进来，形成了社会招聘参差不齐的局面。

b. 供需不平衡

高校人才培养和社会需求之间存在一定差距，大学生"就业难"和企业"用人难"并存，面向社会招聘的企业往往针对具体的岗位提出需求，而刚出大学的毕业生缺乏工作经验，往往很难马上找到适合的机会。

③ 社会招聘优势

a. 可选择机会更多

有许多发展中小公司或外企的人事部门倾向于公开进行社会招聘，因为这样它们有更多的选择和更少的成本，大学毕业生也可以有更多的选择。

b. 时间优势明显

校园招聘会往往集中在一天之内，而社会招聘，不同的人力市场招聘会举行时间是不同的，这样高校毕业生就可以根据自身意愿有选择地进行准备。

（3）网络招聘

① 网络招聘介绍

网络招聘是指利用因特网进行人才招聘信息的发布并供招聘单位和求职者进行选择的招聘方式。这种方式已经越来越多地被用人单位和大学毕业生认同。

② 网络招聘方式

在公司主页上寻找招聘信息；注册成为人才网站的会员；在一些浏览量很大的网站收集招聘信息；在专业性强的网站或论坛收集招聘信息。

③ 网络招聘注意事项

不要在网上随意透露个人信息，特别是身份证号码和银行账号等，浏览招聘信息时尽量选择知名度高的网站或是政府企业网站，注意网站上招聘的要求以及招聘日期，对网上招聘的单位进行必要的核查。

2.求职技巧

求职技巧有许许多多，甚至是可以根据每个人不同的情况，以及每家用人单位的不同要求来完善自己，从而脱颖而出。求职技巧大致可以分为以下3类。

（1）紧追式

充分利用上一届学长学姐的就业信息，了解同专业校友去得最多的用人单位和行业，以及校内外各种招聘活动的时间，采取紧跟的策略。

适用时间：每年10月开始到第二年过年前。

适用人群：刚升入毕业班对自己职业规划仍不太清楚的大学生。

适用单位：自己学校，所学专业招聘较多的或同专业校友去得最多的单位。

那些刚刚升到毕业班的学生，往往存在着一个矛盾的心态，那就是理想远大，做了一定的就业准备就超级自信，但真的要说出自己心仪的某个岗位到底是做什么的时候，其答案却很模糊。当机会真的来了的时候，许多大学生却因为自己是第一次求职而十分迷茫，因为他们不知道自己究竟能被哪些单位所接受，会被哪些单位所拒绝。在这个时候，很多大学生学习还没真正结束，老师也会给出相应的就业指导，告诉大家自己的专业适合做什么，能去什么单位，以及一些应聘方法和技巧。但当每年10月企事业单位进学校开始举行招聘会的时候，总能看到同学们手忙脚乱的准备着，盲目的跟风，看到同学都积极的投简历、面试，总觉得自己也要忙起来，但往往容易忙中出错。这个时候我们说的紧追是指不放过每一场招聘会，不一定要跟风去哪个企业或马上决定做什么，但这绝对是你了解需要本专业适用企业的大好机会，也将使自己对求职有更充分的认识。

紧追式的重点在于付诸行动。毕业生在即将离开校园的时候，其实知识储备已经达到了一定水平，但真的去用，怎么用，就成了大学生们的一道难题，尤其是习惯被动要求，总是认为会有人要求自己做什么到时候再去做就行了，殊不知，就业是需要自己主动争取的，只有行动起来，才能在这场竞争中取得主动权。当今社会网络和手机已经成为我们求职过程中必不可少的工具了，通过各种渠道收集招聘信息，已经成为毕业生求职的必要技能。就业信息具体可以通过两种渠道获得。一是学校，学校就业指导部门会通过张贴栏、教师和辅导员通知学生到学校里招聘的一些用人单位的需求信息，来学校里做企业宣讲会的一些企业，或者是学校组织招聘活动的情况。另一种是电脑或手机，通过上网查找学校专门的网站，相关的毕业生论坛，或者当地人才市场的网站，来查询相应的招聘信息。

（2）重点式

对就业环境有了一定的认识了解之后，结合自己的特点、兴趣、爱好，选择自己感兴趣的行业企业进行重点分析，在之后的求职过程中，给自己一个明确的目标和方向。

适用时间：年后3月到5月。

适用人群：有清楚的职业规划，明确自己的求职方向的大学生。

适用单位：年后有明确的招聘安排的单位。

重点又可分为以下3步策略。

① 重点行业策略

要求我们首先充分收集各方面的就业情况，对自己所学专业以及相对应的行业有一定的认识，在众多选择中选择自己最感兴趣的行业或专业方向，比如，通信工程专业的同学，其就业方向包括了计算机通信、手机通信等大方向，大方向下又有众多小方向，在求职过程中往往招聘企业给出了不同部门的各种类型的岗位，这个时候，就需要我们结合自己所学知识，分析自己的优势、劣势，选择自己最感兴趣的方向。

② 重点单位策略

在明确自己的专业方向后，我们就需要对这个行业内相关企业单位进行了解，俗话说"知己知彼百战百胜"，招聘过程中，在让对方了解你之前，你必须也要对所求职的单位进行充分的了解，切勿为了就业而就业。我们要把求职的精力、求职活动的重点放在重点单位上，这些重点单位，是在参照本专业去得多的用人单位，结合自身的性格、能力、素质，确定好自己的职业发展方向之后，得到的重点单位。也就是说，在就业过程中，自己最好能够到哪个单位，最有希望到哪个单位，这些单位就是重点着力的对象，在明确重点单位后，求职也以这些单位为重要目标，尤其是在了解这些单位基本情况后，在面试过程中也能投其所好地给对方留下深刻的印象，提高求职成功的几率。

③ 重点活动策略

在确定自己求职的重点单位后，要围绕重点单位进行自己求职的重要活动，包括参加这些重点单位在学校里举行的宣讲会；参加这些重点单位在不同地方举办的招聘活动。重点活动是需要自己去权衡了解的，比如，一个你心仪的公司同时在学校和当地人力市场举行两场招聘会，这个时候你就要发现哪个地方的招聘会你成功几率更大，学校招聘会针对的是应届毕业生，往往就更重视工作经验的社会招聘会更加有效，重点活动策略能够让自己准备更充分，集中精力达到一劳永逸的效果。

（3）错位式

错位式就在于结合自身条件，选择相对冷门但更具有发展前景的单位或企业，这需要毕业生有充足的自信和勇气，以及敏锐的"嗅觉"来发现就业的新途径，这样避开大多数人的激烈竞争，往往能够取得令人惊讶的成绩。

适用时间：毕业前后。

适用人群：眼界宽阔、能力突出的大学生。

适用单位：比较冷门但具有发展前途的单位或行业。

为什么要提出这样的错位策略？就在于走出"面子就业"、"圈子就业"的误区，大学生的就业要有自己的个性，必须拓宽自己的眼界。很多时候大学生喜欢问老师或学长，以后毕业了自己能够做什么工作，得到的答案往往都大同小异，如果这个时候大家都选择一个方向，过分的集中必然导致激烈的竞争，这实际上是当前大学生就业难的一个主要原因。这个时候更需要我们敢于及时调整，错位选择那些有发展潜力的单位，往往更具有竞争优势。

错位式主要体现在以下3个方面。

① 行业错位

根据行业的发展形势与行业的人才需求情况，行业也有冷热之分，这在我们高考填报志愿的时候就有所体现，热门院校的热门专业往往分数线也特别高，但高考后的专业选择只是一个很大的方向，具体到哪个行业哪个岗位都还有选择的余地。比方说学计算机的同学，往往认为自己毕业方向就应该与计算机方面非常接近，而其实这样已经让自己失去了很多机会，当你认真了解就业市场后你就会发现，其实不同的专业不同的行业有许多相通性，一个机械公司同样需要懂得计算机知识的毕业生去操作那些自动化机器，你的专业会让你在其他行业领域也有自己的独特的优势。

② 单位错位

众所周知，单位可以根据其所有性质分为跨国企业、外资企业、民营企业、国有企业、机关事业单位。当我们确定好自己的就业方向行业领域之后，选好单位是大家最关心的，但这里所说的好企业，大部分人都会想到那些行业领军企业或世界500强企业，这样的单位固然是理想的就业选择，但是就业不是一相情愿的事情，其他毕业生也都希望能进好单位，带来的结果是招聘企业对用人要求的提高，企业也有权利选择最适合自己的最优秀的员工，这个时候就应该好好想想，自己与其他同学竞争时企业为什么选自己？自己具有哪些优势？单位错位的策略就在于敢于急流勇退，选择有发展前景的企业单位去开辟自己的广阔空间。

挤在人才济济的招聘会

扛着一线城市的生活压力

不如参加西部大开发，错开一线城市就业压力

奔向中西部，广阔天地，大有作为

③ 区域错位

相信这是大家都最熟悉的，区域错位策略就是根据自身情况选择适合自己发展的城市区域就业。现在大学生就业区域是相当集中的，很多大学生毕业之后就背好行囊，奔赴北京、上海、深圳、广州等一线发达城市，而对中西部的一些地区，甚至是大城市的郊区他们都不愿意去考虑。

这样的就业定位，难免会导致众多学生都涌向大城市，去竞争很少的工作岗位，而区域错位，就可以避免这样拥堵的现象。现如今国家西部开发战略正在实施，中部崛起的势头也初见端倪，不仅仅是一线城市或大都市才能提供较好的职位，这些发展中的地区往往更需要"新鲜血液"，能提供的发展空间也就更宽广。尤其是现在大城市的发展已不是过去的一元化，城市群的发展模式让大都市的周围卫星城市更具发展潜力，上海长三角地区、广州珠三角地区、北京京津唐地区，这些大都市周围的城市也成为众多企业发展的温床。随着交通条件的不断完善，在这样的都市圈中，可选择的余地也就更大，这样就可以拓宽就业面。

大学生要意识到，把求职目标集中在少数地区，集中在大城市里，就是把自己其他的求职出路堵死。地区错位策略，需要我们主动进行错位选择，只有把握先机，才能使自己的就业空间更加开阔。

课后习题

1.就业过程中遇到挫折时应该如何应对？

2.通过本章学习和你的实际经验，请总结针对不同的企业应选择的求职方法。

CHAPTER

7

适应

有人说，伟人改变环境，能人利用环境，凡人适应环境，庸人不适应环境。

适应就意味着对自己的改变，因为就业后换了一个新的环境，接触到许许多多不同的人，而每一个人的性格、志趣、学识、能力都不尽相同，对环境的要求也是千差万别的，而且，社会环境的变化发展是不以我们的主观意志为转移的，常常超出我们习惯的生活轨道。

世界不在我们的掌握之中，但命运却掌握在我们自己手中。

我们常常不得不改变自己，让自己融于环境之中，与自己生存的环境和谐共存。

第 1 节　完成角色转换

告别校园，踏入社会，大学生们踌躇满志，觉得终于摆脱了父母、师长的管束，告别了"三点一线"的校园生活以及烦人的考试，从此可以独立赚钱，选择自己喜欢的生活。现实是，工作后不久，他们就开始感叹：还是读书好，还想回到校园……出现这样的思想反差是因为他们遇到了初入职场常见的角色转换问题。充当学生角色时，他们主要的任务是受教育，接受经济供给和资助，逐步完善自己，几乎不用劳动付出或承担责任。成为职业角色后，他们开始独立生活、工作，靠自身的才智、劳动换取报酬，需要用具体工作为社会付出，承担越来越多的家庭、社会责任。

本章知识将帮助走出校门的大学生尽快适应新的发展环境，重建与人相处的各种规则与关系，解决个人自由理想与职业发展等新的现实问题，从而使大学生顺利完成从"学生"到"职业人"的华丽转身。

1. 善于自我审视

刚毕业的小胡进入了当地一家电脑培训学校工作。小胡对自己要求很高，事事追求完美，当接到工作任务时，她不是大包大揽，就是对搭档诸多挑剔。因此，很多同事都不愿意跟她合作。领导找小胡谈话，表示原本非常欣赏小胡突出的工作能力，但工作更重要的是讲究团队，希望小胡能意识到这点。小胡非常委屈，认为自己只是想把工作做好，付出这么多努力不仅大家不认可，连领导也不支持。

小胡向一位曾经的老师诉苦。老师提起这样一件事：团总支换届选举，参加竞选的同学大多是曾经在团总支各部门一起工作过的成员，彼此之间都有些了解。小胡是组织部的成员，当时竞选的是团总支秘书长的职位。老师问竞选书记的同学：如果在竞选秘书长的同学中选择一位作为自己的搭档，你会选谁？几名候选人都做出了自己的选择，小胡是唯一没有被选的。老师对小胡说："事后，我曾问过这件事对你的启示，你回答说是运气不好，别人嫉妒你。现在在工作中又碰到了类似的情况，你还认为是运气不好的原因吗？"通过与老师的交谈，小胡开始反思自己，逐渐认识到是自己与人交往方面出了问题。

小王毕业后先是在当地移动公司当话务员，朋友们总听到她抱怨：作息时间不规律、客户刁蛮、工作无聊……通过关系，她跳槽到电信营业厅做营业员，刚开始小王工作很努力，一年后被提拔为组长，但一段时间后，小王又开始抱怨营业厅的工作枯燥、请假困难、客户难缠，最后在跟一个女客户大吵一架后，小王愤然辞职。重新开始找工作的小王突然发现，现在的工作岗位"僧多粥少"。面对大批的竞争者，小王意识到无论是在年龄、学历还是能力上自己都没多大优势，开始后悔自己的任性与轻率。

从以上两个小故事我们可以得知，虽然大学生价值观念、独立思维等方面在逐渐成熟，但由于长期生活在校园中，学习生活相对单一，人际关系相对简单，且应对各种问题的经验不足，大学生的身心发展反映出成熟与未成熟、积极与消极并存的特点。在角色转换的过程中，大学生体现出种种不适应性，主要表现为对初就业岗位的不适应，造成这种不适应的原因有走上工作岗位需要尽快将所学知识活学活用不断满足行业或企业生产实际的知识更新、技术创新的要求，在校时自我、随性的言行方式和生活习惯不太适应，工作的高效率，岗位的严格要求以及生活的快节奏等。对新的人际关系的不适应性，在校时处理与老师、同学、室友间关系的准则不再完全适应领导、同事、同行之间的相处模式。还有因自身职业能力不足引起的不适应性，例如：心智不成熟，主观意识不强，在工作中存在明显的依恋性，不敢独立完成工作任务，不会主动探索创新；在工作中做盲目对比，认为同事遇事有主见、经验丰富，做什么都驾轻就熟，最终造成自己做什么都没自信；也有学生认为自己受过高等教育，有学历、有能力、是做大事的人才，从此眼高手低，不愿干小事、琐事，吃不得苦、受不得委屈；还有些同学刚走上工作岗位就急功近利，一味图表现，工作中缺乏耐性与韧性，做事毛糙、不按规定、不走流程等。

因此，大学生需要在工作过程中不断审视自我，正视不足，从而有针对性地进行自我修正，不断提高自己的职业素质和能力。

（1）端正认识，正确定位

安心本职是角色转换的基础。小时候学习的"小猫钓鱼"的故事告诉了我们"三心二意"的办事态度不可取。走上工作岗位的毕业生应该尽快从学校的学习生活模式中解脱出来，尽快全身心地投入新的工作，"这山望着那山高"的心态不仅不能让你顺利实现角色转换，还会耽误你的时间，最终使你一事无成。前面故事中的小王总是挑剔工作中的不足，而不从自身找原因，到就业遇到困难时才对自己有了较为清醒的认识。因此，自认为是"高校精英"或者"职场菜鸟"的同学，都应尽快放下自己的架子或担心，静心工作并具备甘于吃苦的决心，只有这样，才能面对现实，克服在角色转换过程中遇到的种种困难，及时实现角色转换。

（2）善于观察，勤于思考

无论是在完成工作任务还是在与人交往中，都要善于观察，不断总结。只有善于观察，才能发现问题。当发现问题后，不要束手无策或一味求助他人，而是要勤于思考，思考自身还存在哪些不足，为什么会出现这些问题，最重要的是形成自己的见解和主张，培养独立思维和开展工作的能力。只有经过运用才智、知识、能力等解决问题的过程，才能进一步丰富自己的经验，使自己更加成熟，自信心更强。故事中的小胡如果发现在竞选中没人愿意选择自己做搭档后不是怨天尤人，而是及时思考、总结，相信一定能在人际交往上有所改善，避免就业后与同事间的不愉快。

（3）主动适应，不断调整

任何事物都有其发展的自然规律、法则，不可能以个人的意志为转移。大学生就业后要主动适应新的工作环境、生活环境和新的人际关系网络，同时根据时间、现实情况、反思总结对自己做出相应调整，从而全面、客观、正确地认识自己，发掘自身潜力。某通信学院女生小朱的就业意向是通信技术维护岗位，而其他营销、服务等招聘岗位，小朱都没有报名。由于学校是理工科院校，男生居多，而技术岗位出于对体力要求、外出方便等方面的考虑更倾向于男生，因此原本在班上成绩拔尖的小朱求职之路很不顺利。小朱没有气馁或坚持己见，在没有找到工作之前，她先去一个学长开的小店帮忙做营业员。一段时间后，小朱对营销工作产生了兴趣，并调整了自己的求职意向。目前，小朱在一家移动下属公司工作，主要负责推销移动新推出的固话业务。每天小朱都穿梭于各大电脑卖场、办公楼等，业务做得好，小朱也开朗、健康了不少。

2.努力自我完善

"物竞天择，适者生存"是自然界的生存法则，现在它成为了我们在职场中竞争的口号。只有努力自我完善，让自己成为适者，成为强者，才能融入团队，满足企业的需要，顺应社会的发展需求，成为一名优秀的职业人。

（1）遵守职业道德规范

社会对人才的评价曾流行一句话"有德有才是正品，有德无才是次品，无德无才是废品，无德有才的是毒品"，因此许多企业把"德"放在了对员工要求的首要位置。成为职业人，首先就要自觉遵守职业道德规范。

所谓职业道德，就是同人们的职业活动紧密联系的符合职业特点所要求的道德品质、情操与道德准则的总和，它既是对本职人员在职业活动中行为的要求，同时又是职业对社会所负的道德责任与义务。中共中央在2001年颁发的《公民道德建设实施纲要》中对所有职业的工作者提出了"敬业爱岗，诚实守信，办事公道，服务群众，奉献社会"的基本职业道德规范。其符合我国的道德标准和价值取向，全国各行各业职业岗位的从业者都必须共同遵守。

（2）虚心学习，提高职业能力和持久竞争优势

在市场经济环境下，企业竞争愈演愈烈，其对员工的能力素质要求不再满足于具备扎实的基础知识、精深的专业知识，而更注重于个人掌握知识、技能的不断更新与拓展。大学生原本掌握的主要来自课堂的知识面对生产技术、生产力的发展存在滞后性问题，与生产实际和企业现状也或多或少呈现出脱节的现象。单位用人的根本目的是在经营运作中创造实际的绩效和业绩，能为企业创造效益的才是企业需要的人才。大学生不仅要掌握理论知识，更要掌握依托于专业知识基础上的技能，并且应具备较强的适应能力、学习能力，在多项技能的基础上不断创新，实现突破，形成核心的、可持续发展的竞争力，使自己成为"一专多能"的复合型人才。

某女生学历不高，外表普通，刚进入广州一家公司工作。公司前辈们纷纷将手里的杂活丢给她做，她从不推辞，还主动承包了办公室的清洁工作。公司电脑系统瘫痪，她主动联系维修、买零件，还拿着笔记本跟在电脑维修人员后面问问题。周末，别人急于回家休息，她却冒着烈日主动要求跟验货员去工厂验货。午间休息，她戴着耳机自学日语；下班后她又坐1小时的公交车去上专业培训班。当公司开始开拓日本市场的时候，她的日语水平已经足以应付市场开发及业务洽谈，加上她对工厂产品相当熟悉，工作干得有声有色，最终以突出的业绩荣升日本部主任。

（3）建立和谐人际关系，提高团队精神

华为技术有限公司是海内外生产销售电信设备的知名企业。其企业文化一直推崇"狼文化"。著名管理学家查尔斯说："狼是一种野性的、有冲击性的勇敢动物，它们的团队精神是世人取得成功的最关键因素。"因此，是否具备团队精神成为企业考察员工的重要标准之一，也是大学生完成角色转换，融入单位的关键。

在团队中，你与同事既是共同事业的合作伙伴，又是共同利益的竞争对手，要想在两者之间找到平衡点，建立和谐的人际关系，需要培养自己乐观向上的生活态度，与人为善、助人为乐的优良品质，良好的情绪控制能力，识大体、顾大局、勇挑重担、乐于奉献的工作态度，灵活的交往技巧等。

（4）保持自信、乐观、坚持、健康的人生态度

国内最知名的企业内训机构"鹰之盟训练"的创始人卓越在自己《态度决定一切》的书中写道：没有卑微的工作，只有卑微的工作态度。的确，人的态度决定人的行动，当你来到一个新的环境，在生活习惯、同事关系方面遇见不适应或不如人意的地方，保持健康的生活态度能引导你走出思想的"牛角尖"，积极调整自我及时走出困境。曾经风靡一时的电视剧《士兵突击》里面的主人公许三多，原本只是土生土长的农村孩子，偶然的机会进入了部队当兵。尽管因为憨厚、怯弱，甚至傻，一直得不到大家的认可，屡屡遭遇困境。但他凭借自己真诚、纯净、坚韧、隐忍的内在品质和的人生信条在困境中最终成长为一名优秀的中国军人。

我们应该牢记"人不能改变过去，但可以改变现在；人不能改变别人，但可以改变自己；人不能改变环境，但可以改变态度；人不能样样顺利，但可以事事尽心"这样一个真理。

第2节　找到职场定位

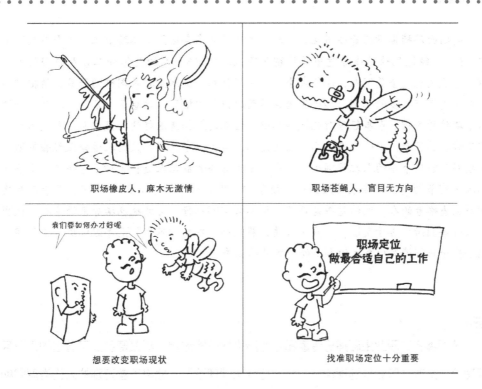

职场橡皮人，麻木无激情	职场苍蝇人，盲目无方向
想要改变职场现状	找准职场定位十分重要

职业是指人们为了谋生和发展而从事的相对稳定、有收入的、专门类型的社会劳动。《中华人民共和国职业分类大典》将我国职业划分为8个大类，66个中类，413个小类，1838个细类。

第一大类：国家机关、党群组织、企业、事业单位负责人。

第二大类：专业技术人员。

第三大类：办事人员和有关人员。

第四大类：商业、服务业人员。

第五大类：农、林、牧、渔、水利业生产人员。

第六大类：生产、运输设备操作人员及有关人员。

第七大类：军人。

第八大类：不便分类的其他从业人员。

大学生在选择职业时，一些稳定、社会地位高、待遇优厚的职业成为求职热门，做出这样的职业选择无非出于对父母意愿、传统观念、世俗偏见等客观因素的考虑。俗话说"尺有所长，寸有所短"，大学生选择职业要考虑自己的性格特征，尽量选择适合自己性格的工作。

性格是一个人对现实的稳定的态度和习惯化了的行为方式中表现出来的人格特征。每一种工作都对从业者的性格有特定的要求。

案例 25 发现性格特点，合理职场定位

美国西玛顿期货投资公司在北京新组建的亚洲商务区总部招聘员工。在众多应聘者中，5个人经过几轮的残酷竞争最终留了下来。但这5个人的具体分工让人事部门为了难。总裁迈克是个美国人，他给每个人发了张试卷，试卷上都是同样的题目：请把"不用对对手怀有过多的慈悲"12个字填在后面的11个方格里。试卷交上来后，迈克当场做好了职位的安排。人事经理对此疑惑不解，迈克的解释是这样的：交白卷的人是出于顾虑不肯轻易答题，说明他有极高的风险意识，这种做事深思熟虑的人适合做经营策划；只填写了前11个字的人比较刻板、保守，是做财务的最佳人选；将12个字挤满11个格子的人很有节约意识，应该管后勤；只填了"不用对对手怀有过多"9个字，而最后两格中写上省略号的人，他的意图是让此句话怎么理解都行，自然也包括原来的意思，说明这人处事圆滑，善于交际，理应干公关；将12个字中的"不用"两字浓缩成"甭"字，11个格子正好填写11个字的人是处理文件的高手。

评析

美国著名的职业生涯指导专家霍普金斯大学教授约翰·霍兰德创立了著名的人业互择理论，又叫"职业规划理论——霍兰德六角型理论"，他将千差万别的人格类型归纳为现实型、研究型、艺术型、社会型、企业型、传统型6个基本类型，同时把成千上万的职业划分为相应的六大类，每一人格类型与一个职业类型相对应。霍兰德认为在职业决策中最理想的是个体能够找到与其人格类型重合的职业环境，个人的人格与工作环境之间的适配和对应是职业满意度、职业稳定性与职业成就的基础。当然，在实际中，上述人格类型与职业关系并非绝对一一对应。通过研究，霍兰德发现虽然大多数人的人格类型被主被划分为某一基本类型，但凭借个体广泛的适应能力，其人格类型在某种程度上可接近于另外两种人格类型，因此也能适应另两种职业类型的工作。

大学生应该正确、客观地分析自己的个性特点，再结合自己的专业能力状况、实践经验等，找到适合自己的职场定位。要知道，一个人只有在与自身人格类型相一致的环境中工作，才更容易获得乐趣和满足感，才最有可能发挥所长，充分实现自我。

案例 26 明确自我需求，做好人职匹配

通信专业毕业的小文却进入了一家保险公司从事理财产品的营销工作。由于不少人对保险公司心存偏见，当初跟他同进公司的几名同学先后辞职，小文的家人也多次催促他回家乡，帮他联系电信、移动等单位。但小文没有回家，而是租住在学校附近一个简陋的小房间里，每天坚持不懈地拜访客户。几个月后，小文的努力得到了回报，他开始拥有自己的客户群并陆续签单，每个月都能获得3000元以上的月薪。小文坦言，他就喜欢这种时间相对自由、能与不同的人打交道且充满挑战、有发展空间的工作，比起其他每天朝九晚五坐在办公室、月薪仅千余元的同学，他很满足，也更有成就感。

评析

就业时遇到"专业不对口"的问题时，较为匹配的职业类型和个人性格将有利于大学生更好地适应角色转换。案例中的小文体现出霍兰德人格类型理论中的"社会型"和"企业型"两种性格类型的特质，尤其是更多人格特征与后者相对应，如自信、精力充沛、喜欢冒险等，可见他是比较适合营销工作的。因此，小文在自己的岗位上干得如鱼得水，找到了自己的工作乐趣，也获得了职业满足。

第 3 节 处理人际关系

工作后，不少同学抱怨处理人际关系是一道大难题：自己被提拔了，昔日要好的同事却跟自己翻脸了；所带的团队中，有几个年纪比自己大、资历比自己老的人根本不服从安排；平时领导对自己挺和颜悦色的，一句无意的话却彻底得罪了他……因此，走进职场后，面对全新的人际关系，需要自己摸索适用的相处法则。能否建立和谐的人际关系，将直接关系到个人在新的工作和生活环境中能否立足、能否生存和发展。

1. 与上级的关系

千里马易有而伯乐难求，认真处理好与上级的关系，他（她）或许就能成为你职场的贵人，对你自己的职业前途发展非常有帮助。

（1）服从领导、尊敬上级

刚进入职场，大学生大多处在被领导的位置上。上司与你不仅有职位高低的区别，对方一定还在人生阅历、工作经验、管理能力等方面有值得你学习的东西。因此，服从领导、尊敬上

级是从业者必须要遵守的职业规范。

（2）赢得上司的信任与肯定

尽量在上司面前展示自己的优点，例如，遵守职业道德规范、对企业忠诚等。最重要的是让对方认可自己的能力，这主要体现在两个方面。一是认为自己"好用"。即服从领导，在工作中勇挑重担，乐于奉献，能按时、按质、按量地完成上司安排的工作任务。二是认为自己"能用"。即能迅速理解上司意图，并在对方要求的基础上发挥自身主观能动性和创造力，任务完成的效果超出上司的期望值，展现自己充分胜任工作的能力。

（3）主动了解，适时沟通

作为下属应该主动了解上司的个人习惯和工作方式，只有在了解的基础上才能更好地领会上司的意图，同时找到合适的沟通方式。适时的沟通有利于拉近彼此距离，通过沟通，你可以向上司提出合理的建议，也可以在自己因为坚持原则等原因而不得盲目服从时让对方更易于理解你的立场。

2. 与同级的关系

面对事业的高墙　　　　　　　个人能力终究有限

不如团队协商合作　　　　　　一起勇起一起跨越事业的阻碍

任何工作单位或部门的工作人员都有具体的分工和合作，而任何劳动者都有自己的同事或合作伙伴。在一个团队中，你与同级之间存在因为共同的工作目标而互相合作、互相配合、互相学习、互相帮助的关系。处理好这种关系，是你融入新环境的关键。

（1）彼此尊重

爱人者，人恒爱之；敬人者，人恒敬之。尊重他人是建立和谐人际关系的前提。在团队中，要懂得尊重同事的人格和感情，尊重个人的爱好和生活习惯，尊重他们的劳动和劳动成果。尊重他人才会赢得他人的尊重，才会被大家接受。

（2）积极配合，互相支持

在实际工作中，同级之间应当积极主动地配合，齐心协力地工作，这是圆满完成工作任务的前提，是团队精神的体现。当同事遇见困难、发生错误时都不应袖手旁观，而是应该主动帮助，提供支持，这样才能使大家的关系越来越密切。

（3）见贤思齐，强者为师

主动地向贤者看齐，虚心地拜强者为师，切忌以己之长比人之短，或拿己之优比人之劣，更不能嫉贤妒能，在背后猜疑别人、挑拨是非。要保持宽容、谅解之心。

（4）诚实守信，不贪图虚名

以诚待人，恪守信用，答应别人的事情一定要尽力做到，只有这样才能赢得同事的信任，切不可为了贪图虚荣对同事说假话、说大话。

3. 与下级的关系

上下级之间的区别在于所担负的工作不同，所承担的责任不同，但它仍然是一种工作关系，是一种相互合作的同事关系。

（1）尊重他人

作为上级，在一言一行上都要以不伤害对方自尊心为原则。对待下级的意见、建议，要表示欢迎，认真研究后给予明确答复。布置工作时，态度要温和，任务要具体。工作出了问题要勇于承担责任，敢于开展批评与自我批评。批评下级要有理有据，使下级心服口服。

（2）公正待人，不厚此薄彼

在工作中，上级对下级应该一视同仁，不徇私情。用人上要任人唯贤，而不能任人唯亲，只有这样才能在下级面前有公信力，树立自己公正、公平的领导形象。

（3）主动关心，注重交流

上级不能只着眼于下级的工作情况，仅对他们提出批评和要求。工作之余，还应主动了解他们的思想、生活情况，多与他们进行情感上的沟通和交流。要想他们之所想，急他们之所急，积极主动地帮他们解决现实问题和困难。这是赢得大家信任，增强凝聚力的重要条件。

（4）疑人勿用，用人勿疑

要充分给予信任，为下级提供展现自己的机会，从而培养他们的自信和成功期望值。这样有利于提高团队的向心力，振作士气，同时增强大家对企业的忠诚度和对工作的热忱。

（5）民主宽容

民主宽容并不是对制度的宽容、对纪律的宽容，而是对中肯的意见、合理的建议的民主宽容。即使是下级，他们也有自己独特的见解和合理的建议，有值得学习的地方。海纳百川，有容乃大。一名优秀的领导者是在不断地学习、反思、总结中成长、成熟起来的。民主地让大家表达自己的看法、观点，提出改进意见、建议，有利于团队的磨合，树立目标意识。

案例 27 注重团队配合，协调人际关系

小杨工作能力极强，无论交给她什么工作任务，都能按时圆满完成，因此她一直得到学校老师、领导的偏爱。小杨逐渐在同学面前表现得自负且有极强的优越感，觉得任何事只有自己亲力亲为才能做好。一旦有人说别人比她强，她一定表现得极不服气，硬要跟人比个高低，于是同学们开始对她敬而远之，每次只要涉及民意投票的活动，她的票数一定不过关。到了工作单位后，由于自己是内部子弟，直接领导就是她父母的好朋友，所以小杨总是恃宠而骄。同事们在背后总是议论纷纷，谁都不愿意跟她一起共事。

评析

案例中的小杨与上级的关系处理应该不成问题，但在与同级的相处上她存在明显不足。在与同学、同事相处时，小杨表现得好强、自负，不注重与同级之间的配合和支持，不能正确对待某方面比自己强的人，不能保持宽容之心，因此，她始终得不到同级的认可和信任，不能融入所在的团队。

第4节 建立正确的心态

现在的毕业生大多是独生子女，他们在家是骄纵的孩子，在学校是简单的学生，极少独立面对和接触外部社会环境。初入职场，面对突然的角色转换，他们或多或少表现出情感意志脆弱、依赖性强、立场不坚定等不足。

拿破仑·希尔《成功定律》17条成功定律中的第一条就是积极心态。积极的心态是成功定律中的黄金法则，无数事实证明：成功始于一种良好的心态。好的心态可以带来好的行为，好的行为能够带来好的结果。因此，树立正确的心态，对大学生适应就业后新的角色、新的环境、新的人际关系尤为重要。

1. 情绪管理

情绪是人对客观外界事物的态度的体验，是人脑对客观外界事物与主体需要之间关系的反映。根据美国耶鲁大学的克雷顿·奥尔德弗提出的ERG理论，大学生初入社会，开始成为职业人时，其情绪将受到以下因素的影响：一是工作物理环境，工作的物理条件或者环境包括灯光、温度、湿度、噪音、工作场所的大小、颜色的变化、工作工具和机器的适用性、办公设备的空间位置等因素；二是工作本身的性质和行业特点，由于各工作和行业属

性不同，员工在实现自己的存在需要时也会遇到刺激反面情绪出现的因素；三是工作心理环境，即员工在工作中产生关系需求时需要的一种人际环境，这种工作软环境主要包括企业或者团队文化氛围、同事间关系、与上级的关系、与下级的关系、组织赋予的权利地位等因素；生活因素，当在个人生活中产生关系需求时也会有很多因素影响员工的情绪；个人因素，包括个人的健康状况、心理成熟度、思维状况、性格特质等。

学会善于掌握自我并调节情绪，对生活中矛盾和事件引起的反应能适可而止地排解，能以乐观的态度、幽默的情趣及时地缓解紧张的心理状态十分重要。

情绪管理的方法如下。

（1）体察自己的情绪，正视负面情绪

产生情绪是一种正常的心理活动，对不同的环境、经历、感受等我们都会产生与之对应的情绪，学着体察自己的情绪，是情绪管理的第一步。尤其是当出现负面情绪时，我们不能因为种种顾虑而忽略它，甚至是压抑它，这样只会带来反作用。比方说，当你被上司无端责骂后，产生了委屈、生气等负面情绪，但你认为领导批评员工是正常的，因此可以忽略自己的情绪，照常去干别的事情，却整天都开心不起来，同事或朋友无意的一句话都会惹你发火，造成负面情绪的连锁反应。

（2）适当表达自己的情绪

无论是正面的情绪还是负面的情绪，我们都应适当地表达出来。例如，挨上司骂后，因为他是上司，所以当时不好直接顶撞，但你可以在领导平静下来的时候委婉地说明事情的真相，表达自己的情绪。俗话说"如鲠在喉,不吐不快"，当你将这种负面情绪适当地表达出来后，你的心情往往就能平和下来。适当表达情绪是一门艺术，需要用心地体会、揣摩，更重要的是将其确实地用在生活中。

（3）以合宜的方式缓解情绪

有些人失恋了会痛哭一场，有些人遇见烦恼则会找三五个好友诉苦一番，有些人则喝酒买醉，还有一些人会逛街、听音乐、散步或逼自己做别的事情以免想起不愉快……缓解情绪的目的在于给自己一个理清想法的机会，让自己好过一点，也让自己更有能力去面对未来。如果缓解情绪的方式只是暂时逃避痛苦，尔后需承受更多的痛苦，这便不是一个合宜的方式。比如说喝酒，喝醉了以后会造成身体的不适，这样又会引起其他的负面情绪。要选择既适合自己无损身心又能有效缓解情绪的方式，控制好自己的情绪，而不是让情绪来控制你，影响你的正常的工作与生活。

吃东西可减压，但要控制饭量

睡眠减压，但注意不要在不适当的环境下熟睡

听音乐减压，乐曲的选择对情绪很重要

涂鸦减压，但要注意场地和保密

2. 压力管理

当人们适应由周围环境引起的刺激时，其身体或者精神上的生理反应便是压力，它可能对人们身心健康状况产生积极或者消极的影响。

2010年发生的富士康公司员工连续跳楼自杀的惨剧一度成为社会关注的热点，跳楼者年龄全部在18~24岁。年轻的生命稍瞬即逝，导火线都是因为工作、感情、家庭变故造成的种种心理压力。可见，在竞争激烈、各种压力接踵而来的现在职场，掌握积极有效的调适心理、释放压力的方法刻不容缓。

压力管理可分成两部分：第一，针对压力源造成的问题本身去处理；第二，处理压力所造成的反应，即情绪、行为及生理等方面的舒解。

（1）宣泄法

宣泄法也叫倾诉法，是将自己内心的痛苦倾诉、表达出来，以达到缓解心理压力的一种方法。具体的方式有：找合适的倾诉对象及时地说出内心感受，比如师长、亲人、好友等，得到他们的理解、安慰与支持；若不善言辞，可以通过书写的方式将苦恼写出来，如日记、日志、邮件等；找没有旁人的场所，通过吼叫或自言自语的方式说出压抑在心中的想法；通过激烈运动来释放压力，恢复平静。

（2）转移法

当遇见不快的事情时，不要纠结于此，而是及时地将注意力转移到自己感兴趣、擅长、有自信的事情上。例如，听音乐、睡觉、旅游、看书等，达到放松身心的目的。

（3）补偿法

正确认识自己，了解自己的长处与不足。当一个目标失败时，应及时反思自己失败的原因和存在的不足，从而及时弥补，不断完善自己。或者当你发现这个目标的确定并不符合自身的条件及现实情况时，不要钻牛角尖，而是尽快用另一种目标来代替，通过这个目标的实现驱散之前的痛苦，增强继续前进的信心和勇气。比如，你的英语不行，报考四级考试几次都不能通过，这时你可以报考自己一直擅长的计算机等级考试，通过在这方面的成绩帮助自己客观面对英语上的失败，而不是一味全盘否定自己。

（4）松弛练习法

其目的是通过身体的放松从而达到内心的放松。例如，呼吸放松法，就是将"胸呼吸"变成"腹式满呼吸"，通过调整气息放松，想象放松，就是通过对一些安宁、舒缓、愉悦的情景的想象达到身心的放松。在瑜伽练习中，就经常通过音乐和语言帮助练习者进入安宁、舒适的情境放松自我。

（5）角色扮演法

目前，这种方法已经成为心理学领域公认的应用广泛而又有效的方法。它是将自己暂时置身于他人的社会位置并以其要求的态度和方式行事，以增进人们对他人社会角色和自身原有社会角色的理解的一种方式。例如，湖南卫视推出的生活类角色互换节目《变形计》，这档节目结合当下社会热点，寻找热点中的当局人物，安排他们进行互换人生体验，体验对方的生活。如城里孩子进入农村孩子的生活、贫困孩子走进富裕家庭、父母与子女角色互换等。"变形"主人公通过不同的人生体验和视角，从而重新审视自我，解决矛盾，改善关系，获得教益。

（6）自我激励法

主要是利用生活中的哲理、榜样的事迹或明智的思想观念来激励自己，同各种消极情绪进行斗争，乐观地面对未来，提高前进的动力。很多企业非常重视这种方法，经常利用例会、培训等通过口号、引用成功案例的方法引导员工进行自我激励。例如，李阳的疯狂英语学习法要求每天都喊"我最棒"、"我一定能成功"、"我一定能讲一口流利的英语"这些自我激励口号。

除以上方法外，建立健康、乐观的心态，形成合理的饮食习惯和保持营养结构的均衡，保证充足的睡眠，也有助于提高对压力的承受能力和适应能力。

案例 28　正视挫折打击，树立健康心态

小宇是光纤专业的一名男生。大一的时候，他经常旷课上网，因为挂科太多，导致留级。留级后的小宇一度觉得没面子而自暴自弃，长期在街上闲逛。偶然遇见一个外国人向小宇问路，小宇不仅听懂了还能和对方简单对话。因为高中时小宇喜欢听英文歌，所以学英语时格外用心，现在他发现当初打下的基础还在，这让他重新找到了自信。除了认真学习专业知识外，小宇经常利用课余时间听英文广播、看英语原声电影，提高英语听说能力。一到假期他就去各地旅游，增长见识也认识了不少新朋友。现在的小宇不

仅顺利拿到了毕业证、英语六级证，还考取了导游证。小宇计划工作几年后就自己开一个旅游公司，现在他正为自己的这个目标而努力。

评析

　　案例中的小宇面对留级的事实，开始觉得自己对未来相当迷茫，因此产生了不少负面情绪和压力。但是他及时通过转移注意力和弥补自身不足的方法调整自身心态，不仅明确了自己的兴趣所在，也树立了新的目标，从而有的放矢地提高自己相关方面的各种能力。在这个过程中，小宇重新找到了自信，建立了健康的生活态度，开始积极地面对以后的工作与生活。

CHAPTER

8 发展

无论是中国先辈提出的"修身、齐家、治国、平天下"的人生哲学还是人生人本主义心理学大师马斯洛提出的自我实现的最高需求层次理论，人们总是在不断追求着进步，寻求着自我发展，来证明自我的价值。

历经了求学时的拼搏，度过了就业的磨难，当我们努力朝一个真正的职场人前行时，我们无一不是想证明自己的人生价值。我们在不断地追求发展，追寻自己明天的梦。坚持向前走，路就在脚下，成功就在远方……

翻到这一页的时候，相信大家都已经清楚如何去找到合适的工作了，但是找到工作不代表着万事大吉，当我们找到工作并适应新的工作环境之后，我们需要更多的时间去想怎样将工作做得更好，去实现自己的人生价值，而这就是我们所要思考的发展。下面两个案例，希望大家能从中得到些启示，加薪和升职很重要，但它们不是我们工作的全部。如何实现自身的发展，是尤为重要的。

案例 29 制订职业规划，突破发展瓶颈

1.夏小姐，30岁，本科学历，现就职于某通信公司。近来夏小姐对工作的抱怨越来越多，已经有了离职的打算，她觉得这份工作再也无法做下去了。夏小姐在公司中从事行政助理的工作，从文件的起草到为老板洗茶杯等，夏小姐每天都要处理很多很杂的事情。起先夏小姐觉得没什么，可是随着自己年龄的增长，夏小姐觉得这份工作一点前途也没有，整天就像保姆一样，什么都要做。最令夏小姐感到委屈的是，由于公司另一个部门的行政秘书辞职，她被派去兼顾另一个岗位的工作，本以为这只是暂时的，可是公司似乎并没有招人的打算。本来这两个部门之间关系就一向比较紧张，这样一来夏小姐就被另一个部门视为探子、奸细。因此，夏小姐夹在两个部门之间，感觉人际关系与工作压力都非常大，想辞职另找工作。

2.胡先生，29岁，本科学历，计算机通信专业，实干派。胡先生从事IT行业已有6年时间。参加工作伊始，胡先生就将目标锁定在了公司研发部门的高层管理位置。为此，胡先生兢兢业业，每次公司有新的项目，只要时间允许，他都主动要求参加。一段时间之后，胡先生也确实做出了一定的成绩，然而他并没有因此而得到提拔。同时，问题也出现了，很多同事认为胡先生爱出风头，争功抢功，因此同事对胡先生没有好感，同事关系比较冷漠。长久的孤单奋斗与突出的成绩并没有为他铺平晋升之路，同事关系的淡漠让夏先生觉得处境艰难。

评析

很多职场人士都会遇到案例中夏小姐与胡先生所遇到的问题。大部分职场人士在遭遇这些问题时，想到的可能是逃避或妥协。但是逃避与妥协并不能从根本上解决这些问题，即使换一份新的工作也有可能再度落入相似的处境。

案例中的夏小姐，夹在两个部门之间，人际关系的复杂成为其沉重的心理包袱，也成为其想辞职的导火线。人际关系是否处理得当直接影响到职场人士的办事效率与效果。另外，职业顾问认为，夏小姐从事的工作泛而不精，在业务上没有一个纵向的提升。对于已经30岁的夏小姐而言，工作不是做得多就好，每个方面都懂一些，但又不是十分精通，对于其职业竞争力的提升没有实质性的帮助。

胡先生有自己的目标，也有过硬的技术及成绩作保障，但在晋升上还是达不到自己满意的效果。我们说有目标与能否走到这个目标完全是两回事。首先，你的目标在你的能力范围之内吗？好高骛远似乎都不会有好的结果。其次，如果你的能力足可以达到这样的目标，那你在追求目标的过程中是怎么样过渡的呢？有没有具体的细致的措施来保障过渡阶段的顺利与平稳呢？

上述两个案例其实是整个职业生涯当中的两个相互连接的不同阶段。辞职—求职—晋升遇阻—突破，职业生涯环环相扣，只要其中一个环节出错，你就可能要浪费几年的时间去修补甚至你的职业发展就此停滞不前。良好的职业规划是职业发展顺利的导航仪，它能在你职业发展的每一个环节、职业停靠的每一个站点给你做出正确的指引，帮助你跨越障碍。

工作压力大、人际关系复杂、能力不被肯定、晋升无望，这些都是困扰当代职场人士的职业问题。被动适应职业不是明智的选择，只有主动地做好各方面的准备，在职业前期为自己量身定制一套完整的职业规划才能在事业受阻时找准问题的症结并进行有针对性的突破。也许你自身的能力与条件都已具备，时机也相对成熟了，但你还是没有走上职业的正轨，你欠缺的就是职业规划这股东风。

第1节 职业发展路线图

1. 职业中的自我职业生涯发展的设计与规划

根据美国麻省理工学院（MIT）斯隆管理学院教授、著名的职业生涯管理学家施恩（E.H.Schein）提出的员工职业发展三维圆锥模型，员工在组织内部的职业发展表现为垂直的、向内的、水平的3种线路。"垂直"的发展线路是指职务/职位的提升或晋升，其具体的表现形式是"职务/职位变动发展"，即根据企业组织发展的需要及组织设立的职业阶梯，员工不断地从下一层职务/职位提升或晋升到上一层职务/职位。

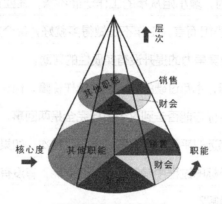

职业发展三维圆锥模型

我们知道电脑当中可以设置双通道内存，双通道内存技术其实是一种内存控制和管理技术，它依赖于芯片组的内存控制器发生作用，在理论上能够使两条同等规格内存所提供的带宽增长一倍，使得其物理性能得到大幅度的提升。而在员工的职业生涯规划当中，同样存在双通道。其目的是让员工的个性特长得到充分的发挥。

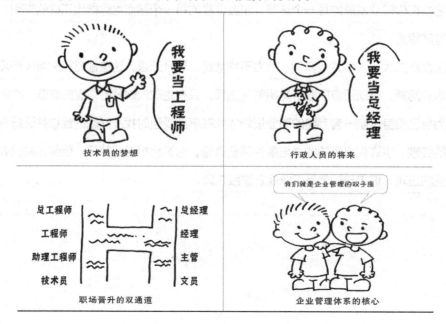

　　建立职业生涯发展的双重通道，是指企业组织同时建立包括管理类、专业技术类双重路径的职业发展通道。建立职业生涯的双重发展通道，一是基于员工能力和个性的客观差异，不同的员工有不同的职业定位和取向，"职业锚"理论已经分析了员工职业定位的差异性；二是基于管理类、专业技术类岗位工作特性的根本差异；三是基于组织的持续发展，需要保留并激励一大批的优秀员工包括专业技术人员，组织的持续发展不仅需要一批出色的经理人员，而且需要一大批优秀的专业技术人员、专家乃至科学家。成功的组织发展必须确保让所有优秀的员工都得到充分的认同与激励，并实现他们各自的归属感。

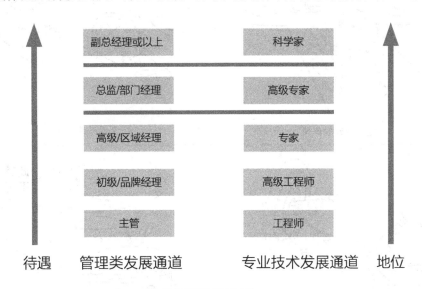

职业发展的双重通道

　　职业生涯设计过程中，员工发展目标的确定需经历下面5个步骤。

　　（1）客观地进行自我审视与评估

　　这是对自己做出全面的分析，包括个人的发展需求、能力、兴趣、性格、气质、不足等。

　　（2）对企业和外部环境分析

　　主要是对行业的社会环境进行分析，以评估环境变化所产生的各类机会。短期目标设定注重企业环境分析，长期目标的设定更多地考虑社会环境的变化。

　　（3）选择职业发展路径

　　根据当前的工作岗位，选择职业发展路径。

　　（4）确定各阶段发展目标

　　依据由近及远的原则，逐步设定短期目标、长期目标和生涯目标。

　　（5）获得公司的建议

　　尽管设定的是个人的发展目标，但是自己的目标要服从公司发展目标，与公司目标协调一致。

　　（6）目标修正与调整

　　职业发展目标设定后并不是一成不变的，根据计划完成情况及企业环境的变化，应及时调整修正。

2.实现职业生涯的发展的方式与方法

大学生要使自己的职业生涯规划变为现实，就必须按照计划去行动。职业生涯规划能否实现，很大程度上取决于能否立即行动。

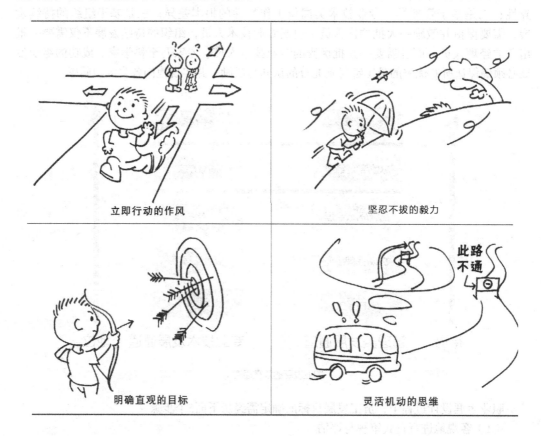

立即行动的作风　　　　　　　　坚忍不拔的毅力

明确直观的目标　　　　　　　　灵活机动的思维

如果没有行动，计划就毫无价值，目标也就失去了意义。苦思冥想，谋划如何有所成就，是不能代替实际行动的，没有行动的人，只是纸上谈兵，成不了大业。

（1）当机立断，雷厉风行

俗话说：心动不如行动。因为只有行动，才有成功的可能性，只有从现在做起，才能完成你的人生规划。

（2）立即行动

从现在做起，今天的事情今天完成。有些人能力很强，但就是因为有拖沓的习惯，使自己一事无成，职业生涯规划不能实现。

（3）克服困难，持之以恒

一个人要想获得事业的成功，必须具有敢于克服困难，敢于拼搏，坚持到底的精神。伟大的科学家居里夫人曾说："我们的生活都不容易，但是那有什么关系?我们必须有恒心，尤其要有自信心!我们必须相信我们的天赋是要用来做某种事情的，无论代价多大，这种事情必须做到。"是的，居里夫人的成功，除了她的天才之外，就在于她的恒心。如果没有这一点，那么从数吨废渣中提取0.12克氯化镭简直是难以想象的。

（4）瞄准目标，有效行动

行动要始终围绕着目标而进行。好像射箭一样，无论从哪个方向射，无论怎么射，都要对准靶心，这样才能使自己的行动成为有效的行动。要做到这一点，就要对自己的行动加以强化和约束。

（5）灵活机动，迂回前进

在人生道路上，遇到困难总是难免的。人生遇到困难，就如同你驾车外出办事，在行车中遇到此路不通。此时，你怎么办？是停车不动，是打道回府，还是绕道而行？你一定会绕道而行，到达目的地，把事情办完。这就叫"迂回前进"。人生事业的发展，要获得理想的成功，也应当如此。

3. 通信行业不同工种、不同就业企业的职业发展路线

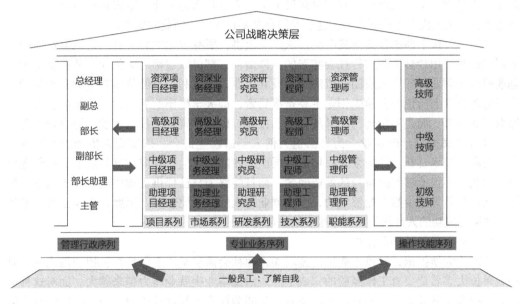

多通道发展路线图

（1）管理型职业发展路径

管理型路径主要适用于该企业各职能部室、生产部门及其他生产辅助部门等管理岗位和中层及以上的管理人员。其中，职员职级路径按四至九级设置，用于各职能部室主任以下职员。

（2）技能型职业发展路径

技能型路径主要适用于该企业生产部门、营销及其他生产辅助部门的生产岗位人员。

（3）技术型职业发展路径

专业技术型路径主要适用于具有初级及以上专业技术资格的各类技术人员。

（4）复合型职业发展路径

复合型路径适用于在技能型、技术型路径上职业发展良好且具备管理素质的选竞聘到管理岗位上的员工；或者在技能及专业技术两类路径中有能力同时发展的生产岗位员工。

第2节 大学生自主创业

随着市场经济的发展，城乡产业结构必将根据市场的变化不断进行调整，从而带来劳动力的转移和职业岗位的转换，这就要求未来的劳动者不能仅仅是生产环节中某个单一工种的单一操作者，还应能够参与新产品的开发和创造，新技术、新工艺的实施，并进入计划、管理、服务等经营环节。这些都要求未来的劳动者具有从业和创业的双重能力，具备多方位的职业转换能力和自主创业能力。创业是另一种升华的人生，创业意味着人生更大的贡献，也意味着需要更大的努力。创业应当成为同学们的一个蓝色的梦想与未来的现实之境。

"创业"这个词，会让同学们心潮澎湃、精神振奋。但是当我们冷静下来真正开始直面并思考它时，又会发现其实我们对它很陌生。究竟什么是创业？难道只有自己开公司、办企业、当法人代表才是创业吗？这里我们有必要首先澄清创业的概念。

"创业"这个词的含义极其广泛。从广义上讲，所有主动的并带有一定风险性质的、重新配置并运用社会资源进行社会实践的主体活动，都可以被称之为创业；从狭义上讲，创业即自主创业，即个人或团体依法登记设立企业，以赢利为目的从事有偿的商业活动。我们通常意义上所说的大学生创业主要是指后者，即大学生毕业后不通过传统的就业渠道谋取职业发展，而是利用自己所学的知识、技能，以自筹资金、技术入股、寻求合作等方式开办自己属于自己的企业，为自己也为他人创造就业机会，以实现人生理想并服务社会。在高新技术日新月异的今天，作为高层次人才的大学生，理应在高起点上寻找创业机会。如此，不但能够解决自身的就业问题，而且能够为自己提供更加广阔的发展前景。但是，往往创业只是少数人能够成功，因为创业对人的要求比较高。因此，事实上真正能够创业并取得成功的人往往是人群中很少的一部分。

1. 大学生自主创业的动机

我国的大学扩招，导致毕业生迅速增加，而社会需求基本上保持在扩招前的水平，且用人单位大多希望要有工作经验的"成手"，因此毕业生就业压力越来越大。面对这种形势，选择自主就业既可以为自己寻找出路，又能为社会减轻就业压力。当前，想要自主创业的大学生并不少，大学生这方面的意识越来越明显，大学生们不再依赖家长、学校，而是主动发现、寻找机遇。总结起来，以下八大理由是目前大学生想要自主创业的主要动机。

（1）偶像崇拜

比尔·盖茨、张朝阳等人的名字在大学生中并不陌生，他们的创业故事也为同学们所津津乐道。作为偶像，这些人的经历给大学生提供了自主创业的经典，对未来的美好愿望，希望自己有那么一天也能像他们一样成就一番事业，出人头地。

（2）"创业"本身就是一种职业

很多大学生认为创业本身就是一种职业，在就业高峰，给自己一片更广阔的天空，并且很多人都认为在今后的社会中，自主创业的人会越来越多，甚至成为就业的主流，成为大学生毕业后就业的首选。

（3）经济的要求

经济原因也是大学生选择自主创业的一个重要原因。在以经济建设为中心的大环境中，工作待遇是不得不考虑的一个重要因素，自主创业可能带来的就是良好的经济效益。

（4）替别人打工不如为自己打工

大部分选择自主创业的学生都是抱着这种心态的，认为自己的事业做起来会更有工作激情，更投入，从而更容易成功。这种成功是属于自己的。另一方面，就算失败，也是自己造成的，不会去怪别人，不会感到遗憾。

（5）实现自我价值

一些自我意识很强的学生选择自主创业是为了通过这一途径来证明自己的能力，在一些单位由于制度的约束，无法按照自己的想法来做事，创业可以有一个空间来发挥，来实现自我价值，得到社会的认可。

（6）无奈之举

当然，找不到工作也是毕业生选择创业的一个原因，每年都有大量的毕业生涌向市场，一些人必然要面对的问题就是找不到工作或是短时间内找不到合适的工作，在这种情况下选择创业也是一种无奈之举。

（7）嫉妒

有的学生的中学同学或是朋友早就下海创业，事业已小有成就，这会促使其产生创业的想法，为的是"我要过得比你好"，不能否认，在一些想创业的人中，确实有这种心态。

（8）时间自由

对很多人来说，时间上的自由可以说是选择创业的最大的动力。朝九晚五的工作时间不是每个人都能适应的，如果自己创业，时间的掌握上就比较自由一点，这也是现在出现众多自由职业者的原因。

案例 30　培养创业意识，提升创业能力

刘露从小读书时就寄宿在外，独立能力和独立意识都很强。2009年考上了上海一所大学，学习法语。在大学期间，她在努力学习专业知识的同时还积极参加社会实践活动。大二时，在一家法国小公司兼职做行政助理，业余还帮几家免费的英文刊物写游记和影评。大三时去一家画廊应聘兼职，意外地被相中做了画廊经理。在此后的一年里，举办了数次画展，挑起了大大小小的日常事务，练就了独当一面的能力。在大四择业时，家里人劝她，找工作不要看名气、看舒适，要看能不能培养专业技能和独当一面的气魄。2013年5月就在大学毕业的时候，正当同学们纷纷签约外资企业、国家机关时，刘露在上海悄悄地注册开张了自己的公司。创建公司的点子来源于和朋友的聊天。刘露有一群做IT的朋友，长期以来都非常关注无线网络游戏市场，闲聊间，朋友谈起无线网络游戏市场是网络游戏后又一块大奶酪，特别适合年轻人去挖宝，几个朋友商议组建个科研团队，而刘露被推出来做市场开发和营销。

刘露的想法得到了家人的支持，家人出资10万元，帮助她注册公司。于是当昔日的

同学开始奔波穿行于高楼大厦间体验新鲜白领的生活时，刘露却已端坐在浦东的一间办公室里，忙碌地接听电话，联系客户，指挥团队，品尝着自己当老板的酸甜苦辣。

评析

刘露的经历使得她的独立能力和独立意识都很强，再加上在大学四年累积了很多的社会经验，有这样的铺垫和心态，刘露在创业的机遇来临时就"水到渠成"地开起了自己的公司。

刘露身上体现着强烈的自主意识。事实上，能不能创业与个人的学历、学识、年龄和性别都没有关系，最重要的是自主意识和创业心态。而现在许多高校毕业生欠缺的恰恰是这点创业欲望和自主意识。

2. 大学生自主创业指导分析

（1）撰写创业计划书

创业计划书是创业者在初创企业成立之前就某一项具有市场前景的新产品或服务，向潜在投资者、风险投资公司、合作伙伴等游说以取得合作支持或风险投资的可行性商业报告。如果有了一份详尽的创业计划书，就好像有了一份业务发展的指示图一样，它会时刻提醒创业者应该注意什么问题，规避什么风险，并最大程度地帮助创业者获得来自外界的帮助。因此，创业计划书有着非常重要的作用。

一份完整的创业计划书的主要内容包括企业概况、产品与服务、商业构想与市场分析、选址、营销方式、法律形成、股权构成、组织结构与创业团队、成本预测、现金流管理计划、赢利情况预测、资产负债表。创业计划书应具备以下基本特征。

① 开拓性

创业计划书最鲜明的特点是具有创新性。这种创新性是通过其开拓性表现和反映出来的。就一般情况而言，不仅要求你提出的是新项目、新技术、新材料、新的营销模式，更重要的是要把你的新东西通过一种开拓性的商业模式把它变成现实。这种新项目、新内容、新的营销思路和运作思路的整合，才是创业计划书开拓性的最本质的特征。

② 客观性

创业计划书的客观性是创业计划书的又一个十分重要的特点。这种客观性突出表现在创业者提出的创业设想和创业商业模式，是建立在大量的、充分的市场调研和客观分析的基础之上的，而不是拍脑门拍出来的。这种来自实践、来自一线的大量鲜活信息和素材是创业计划书生命力的体现，是使其具有实战性和可操作性的基础。

③ 实战性

创业计划书的实战性是指创业计划书具有可操作性。写在计划书上的商业模式不仅是可以运作的，而且是必须运作进行实战的。因为只有在实战中，你的商业计划书中预测的价值才能实现，才能把预测价值变成现实价值。美国的一位著名风险投资家曾说过，"风险企业邀人投资或加盟，就像向离过婚的女人求婚，而不像和女孩子初恋。双方各有打算，仅靠空口许诺是无济于事的"。这种实战性尽管没有设计出每一个运作细节，但是项目运作的整体思路和战略设想应该是清晰的。实战的过程中尽管可能做出若干调整，但项目的鲜明商业特点和可操作性是不能、也不会变化的。

④ 增值性

创业计划书是一种与国际接轨的商业文件，有着十分鲜明的商业增值特点。这种商业特点可以从很多方面表现出来，最主要的有以下3点。

① 创业计划书的创新性必须能找到创收点。只有具有明确的创收点，才能体现出创业项目的高回报性；没有创收点的创业计划书是没有商业价值的。

② 创业计划书具有鲜明的证据链条。组成这个证据链条的是大量的、有说服力的数据，这些数据是经过测算或计算得出的，而不是由概念和推理的逻辑思维组成的。好的商业计划书应该而且能够从理论和实践的结合上说明问题，讲清创意。

③ 商业计划书体现的是明显的商业价值观。写在纸面的真正可行的系统思维，是从对商业价值观的塑造开始的。因此，应该有投资分析、创收分析、赢利分析和回报分析，要使投资人能清晰、明了地看清其投资后的商业价值。

（2）具备创业前的准备

在创业的前期，我们不光要撰写一套具有纲领性的计划书，最重要的是要具备创业前的准备，包括意识品质、商业意识、冒险精神、应变能力、潜能激发。

① 意识品质

我是一个坚强的人吗？我能持续不断地做同一件事吗？我总是承担最重要的任务吗？我很刻苦吗？每天早上6点钟起床，晚上12点睡觉，我能坚持下去吗？我能勇敢地承认错误吗？我耐得住寂寞吗？我敢于承担风险吗？我是一个负责任的人吗？如果你的回答都是肯定的，那恭喜你，坚持吧，你会成功的。

② 商业意识

商业意识就是人们对创业活动所持有的认知、情感和意志，具体而言就是指人们的创业需要和动机、创业兴趣和欲望、创业方法和理想以及创业精神和企业世界观。创业者的商业意识来自于自信，相信自己的理想一定能实现，这种自信感是建立在对自己的主观能动性的充分认识、充分信任和对客观条件与可能遇到挫折、失败的充分的估计之上的。美国一位作家出版的《青年、天才和财富》一书，在分析15位目前在美国成功的青年企业家以后，列出了他们在30岁以前创业成功的8项因素：喜欢并积极参与自己所从事的事业；对自己的事业与工作都具有狂热的进取心；自信，对自己的事业成功充满信心；独特的性格和领导才能，富于进取与创造能力；超人的活力；破釜沉舟的决心；敢于挑战的天性，对于权威不盲从，而且勇敢地向他们挑战；高度的道义感，不以卑鄙的手段去获得利益。

可见，自信、创业意识对于创业是何等重要！而培养自己的创业意识也必须从培养自己的能力与自信开始。

③ 冒险精神

成功地创业必须有适合的载体，这时成立创业公司就将顺理成章，此时冒险精神将发挥重要作用，因为，你已经有了个人的、稳定的、不错的收入，现在要自己创业，以前的生存环境将有大的改变，做不好就会失业，没了生活来源。很多人此时就犹豫、停滞不前了。

当时的亨利·福特并没有因为自己已经成家有了孩子就放弃了自己造汽车的梦想，而是寻找机会和资金，先是在自己家里造汽车，后来在底特律市长梅特里的帮助下，以小股东的身份和一些有钱人成立了底特律汽车公司，但是亨利·福特没能在底特律汽车公司里实现自己制造出人人都买得起的汽车的设想，这就逼迫他继续寻找机会和合作者，终于有了更好的合作伙伴，福特汽车公司成立了。

比尔·盖茨也是在为大公司编程的过程中，坚定了自己的创造个人电脑平台的信念，成立了著名的微软公司。

现在有很多人也注册了公司，开始了创业梦。可是，商海茫茫，困难重重，如果没有一定的资源，没有把公司发展与社会经济的发展潮流和趋势紧密地联系在一起，那么这个公司的前景将十分渺茫，更不可能为百年立业确定正确的方向。因此，演奏创业进行曲的技巧就是稳和准。

④ 应变能力

天有不测风云，人有旦夕祸福，创业路上更是充满了变数，在面对突发情况的时候，创业者的应变能力就显得十分重要了。

应变能力，是一种根据不断发展变化的主客观条件，随时调整行为的难能可贵的能力，是复杂的创业活动对一个人的素质提出的一条起码的要求，也是确保创业获得圆满成功的一个先决条件。

具有应变能力的人，不例行公事，不因循守旧，不墨守成规，能够从表面平静中及时发现新情况、新问题，从中探索新路子，总结新经验，对改革中遇到新事物、新工作，能够倾听各方面的意图，认真分析，勇于开拓，大胆提出新设想、新方案；对已取得的成绩，不满足，不陶醉，能够在取得成绩的时候不得意忘形，并能透过成绩找差距，挖隐患，百尺竿头，更进一步。

一个人在创业的过程中，要根据事物的发展变化的审时度势地做出机智果断的应变，在当今世界，事物各方面的发展日新月异、千姿百态，但就其和创业的关系而言，归纳起来，主要是两种情况：其一是变化尚未偏离创业活动的前进方向的阶段；其二是变化明显偏离创业活动的前进方向的阶段。

对于第一阶段的变化，一般无须对原决策方案作根本性的变动，只需要适当地对方案作某些局部的调整，以适应变化的环境。

但是，对于发生阶段的变化，就需要进行审慎的斟酌，对原先的决策作较大的改动，甚至推倒重来。一个优秀的创业人才，其非凡的应变能力，往往就表现在对一些复杂的突发事件和非规范问题的果断处理上。从复杂计划的修订到生死攸关的政治斗争处置，从微妙的外事活动安排到举足轻重的经济谈判，都需要有机智的应变能力。随机应变的能力，能使一个人在纷繁复杂的创业活动中，有意识地使创业行为和决策方案与客观环境相适应。但是，应变必在不抛弃原则的前提下，根据客观事物的不断变化而提供的一切可能条件，尽可能采取科学灵活的应变对策，做到你变我也变，从而最终达到预订的目标。无原则的灵活应变，是圆滑世故、虚伪的政客玩弄的伎俩。

创业路上充满了变化，但这些变化里可能就蕴含着机会，创业者应该注意提高自己的应变能力，这样才能随机应变，也才能把危机转换成对自己有利的机遇。

⑤ 潜能激发

一谈到创业很多大学生都有一种情绪，就是怀疑自己行不行，实际上这个问题是一个经典的问题，我是谁？我要到哪里去？实际这些看似简单的问题不一定真正能够回答出来，因为人们往往不了解自己的潜能到底有多大。

信念很重要，而第一个影响信念的是环境因素，改变环境可以改变信念。第二个影响信念的因素是人的知识，有效的创业方法可以减少自我摸索的时间。国家发改委中国人力资源研究会创业培训专家傅中国先生刚创业的时候第一个选择是创办外语学校，模仿别人挣到了钱，后来开保洁公司的时候也是一样模仿别人。所以他说创业成功最快的方法先是模仿，当然，要在模仿的基础上再创新。第三个影响信念的因素是经验，好的经验指导能让你事半功倍。影响信念的还有一个因素是想象，人的大脑里会产生想象，人的在还没做事情之前就会想象自己能不能成功，进而影响到创业者的思想和行为，这是影响信念的第四个因素。还有第五种因素，是偶然发生的天灾人祸等事件，但这种事件发生的可能性很小。

不管是羡慕他人的工作

还是梦想着自己的未来

心动不如行动

都不如好好谋划自己的将来

成功就在于你的即刻行动中

如何开发创业潜能？

在国家当前形势下，中华民族的崛起更需要的是创业者，对这部分人更要去激发他们的创业信念。

"临渊羡鱼，不如退而结网！"无论为他人创业还是自己创业，我们都必须在大学里做好创业的准备。创业的准备大致可分为特质、能力、知识和资源四大方面。首先，需要锻炼自己的良好心理素质，包括充分自信、勤勉自励、执着不移、勇于创新、诚实守信、乐观向上和勇往直前7个方面。其次，要培养各种能力，这种能力主要有学习能力、创新能力、决策能力、领导能力、协调能力以及社会交往能力。再次，需要学习和准备各方面的知识，这既包括专业知识，也包括了经营管理知识、财务会计知识、财政税收知识、政策法律知识和金融信贷知识。此外，还需要积累各种各样的社会关系资源。

从宏观上看，创业既是社会、经济发展的源泉和动力，也是劳动者个人生存和实现自我价值的重要途径，同时也可以被认为是人的自我价值的最高体现。一定要在创业中树立"不创业则已，创业必成功"的坚定信念，这对于成功创业具有极重要的指导意义。除此以外，还必须树立创业意识，把握创业核心要素，提升创业能力，从岗位创业做起，如此必能顺利抵达成功创业的彼岸。"天行健，君子以自强不息。"作为新时代的大学生，拥有比以往任何时代都优越的创业条件和环境，理应珍惜机会有所作为，不辜负时代的期望。21世纪是创业的世纪，大学生应当是创业的先锋，让我们抓住机遇，迎接挑战，在创业的时代浪潮里乘风破浪，到达事业成功的彼岸吧！

附录

附录1 资格证书制度

1. 从业资格证书

（1）从业资格证书（技能鉴定）介绍

通信类从业资格证书是从事通信类工作具体工种的基本要求，从事通信工作的人员经过学习培训并通过考核获得从业资格证书后，才能上岗工作，这是对其是否具有从业资格的技能鉴定。证书的适用范围：全国通信行业及涉外通信企业。等级分类一般来说分为5个等级：初级、中级、高级、技师、高级技师（高级技师的特殊待遇）。职业鉴定鉴定起点：除通信网络管理员为高级起点外，所有工种均以中级为起点（企业及外界考证起始于初级起点，且各等级之间有年限要求）。

通信类职业名称主要有电信业务营业员、话务员、电信业务员、电信机务员、线务员、用户通信终端维修员、通信电力机务员、通信网络管理员等，根据对业务的熟练程度，分为不同的等级，具体分类如下表所示。

职业名称 （职业名称编码）	职业定义	工作从事范围
电信业务营业员 3-03-02-01	在电信营业窗口受理各种电信业务及账务处理等工作的人员	①受理市内电话用户的安装、迁移、过户、拆迁及账务处理等业务；②受理国内、国际及港澳台电报、船舶无线电报、鲜花礼仪电报及账务处理业务；③受理国际长途业务（IDD）、国内长途业务（DDD），并按规定进行现金结算；④受理用户国际长途业务（IDD）、国内长途业务（DDD）申请；⑤受理用户移动通信业务申请及账务处理业务；⑥受理用户通信终端设备及电话卡营业销售业务；⑦受理电信业务咨询工作

续表

职业名称（职业名称编码）	职业定义	工作从事范围
话务员 3-03-02-02	从事值守长途话务、国际话务、查号、无线寻呼、信息服务、用户交换机等各类话务台，以及处理机上业务查询的人员	①按呼叫顺序依次应答，受理用户使用电信业务，填写记录单；②接续、处理用户业务需要；③接续和处理受付业务电话；④国外交换局拨叫中国时提供语言辅助、拨打辅助等服务，承担国际来话查询业务；⑤控制业务流量及电路质量；⑥按规程处理更改用户电话号码；⑦受理专线用户的各类特别业务；⑧接续处理去话、来话、转话、销号、退号及注销业务；⑨接续和处理改接、改叫、串联电话、传呼电话、电话会议业务；⑩受理信息服务业务；⑪受理用户交换机业务；⑫受理机上咨询业务员
电信业务员 3-03-02-04	从事电信业务宣传推广、市场调研和开发、营销策划、揽收受理的人员	①进行市场调研和开发，预测市场需求，确定营销策略，选择目标市场；②进行业务宣传推广，开展业务促销；③拜访与接待客户，提供咨询服务；④进行业务演示，指导客户合理使用各类电信业务；⑤进行业务揽收及受理
电信机务员 3-03-03-01	从事短波通信、微波通信、卫星通信、光通信、数据通信、移动通信、无线市话通信、长途电话交换、市内电话交换、电报自动交换、分组交换、传真交换等设备进行安装、调测、检修、维护以及障碍处理的工作的人员	①维护通信网络中的传输设备，进行规程规定的年、季、月、日维护工作；②开通测试传输链路、电路；③判明障碍段落，修复障碍，抢通链、电路；④定期测试传输线路；⑤定期测试各类接口；⑥维护及运用监控系统；⑦汇接、测试、使用会议电话；⑧统计、分析传输质量；⑨维护管理传输无人站、移动基站；⑩巡查链、电路；⑪分析忙时对接通率、可用率、计费准确率、障碍率、障碍历时、机台利用率；⑫进行全网电路管理；⑬进行局数据修改；⑭管理计费磁带；⑮进行电路组巡活动；⑯电信设备综合维护

职业名称 （职业名称编码）	职业定义	工作从事范围
线务员 3-03-03-02	从事长途、市话通信传输线路、交换设备以及短波通信天、馈线架（敷）设、维修和障碍处理等工作的人员	①进行年、季、月和日常维护工作；②定期对天、馈线进行性能测试；③进行线路大修、改道工程；④掌握光、电缆线路路由、程式，进行路面巡视，遇有线路异常情况及时处理；⑤做好护线宣传，与市政施工协作配合；⑥按照线路割接、抢修操作程序和要求，排除线路障碍；⑦掌握充气网络情况，定时记录充气气压，并查找漏气点；⑧进行节假日前和台、汛、雷雨季节前设备检查；⑨进行杆线线路施工与维护；⑩进行管道线路施工与维护；⑪进行宽带接入；⑫进行综合布线
用户通信终端维修员 3-03-03-03	对用户通信终端设备进行障碍测量和维修工作的人员	①维修电话机、移动手机、用户传真机、寻呼机等用户终端设备；②测试、调整终端设备主要技术指标；③测试终端设备性能运用状况；④进行公用电话机日常维护、保养及安装、开通；⑤进行寻呼机频率校正、改音、编程；⑥进行移动手机编程、读号取相；⑦调测、安装用户传真机机
通信电力机务员 3-03-03-04	从事通信系统供电设备、空调设备的安装、调测、检修、维护以及障碍处理等工作的人员	①按周期进行设备检修、维修；②定时记录设备电压和电流数值，发现异常查找原因；③进行设备倒换使用、开机、关机及工作状态转换；④值班时发现设备异常、红色事故告警，采取应急措施，确保供电正常；⑤定期维护、检查高、低压配电和接地系统、蓄电池、油机；⑥定时巡视机房及设备使用点电源、空调使用情况；⑦对空调设备进行安装及定期进行维护和检修；⑧对机房供电设备进行安装及定期大修

续表

职业名称 （职业名称编码）	职业定义	工作从事范围
市话测量员 3-03-03-05	从事受理用户申告，测量障碍、办理派修、配合工程割接以及装、拆、移机、调整改线的等工作的人员	①受理用户对电话通信障碍的申报，按局、区范围通告相关测量室，对本局区范围的申报障碍，进行机、线设备的检查、测试，判断障碍性质、部位；②按维修规程和生产组织进行派修，并配合维修；③在装、拆、移机和调整改线工程中配合工程要求，进行跳线的布放、割接、测试；④对测量和告警设备、仪器仪表进行周期维护；⑤进行相关工作的记录、统计和报表工作
通信网络管理员 3-03-03-06	从事通信网络管理、配置管理、性能管理和故障管理的人员	①使用网管系统进行　数据查询和统计；②对网络进行性能分析、质量评估，数据采集汇总、处理，并形成数据库；③使用网管系统对告警进行监视，收集故障信息；④对网络设备进行日常维护、测试，查找、判断和排除故障
*网络安全管理员	—	—
*通信网络优化师	—	—
*增值电信业务师	—	—
*移动互联网网络机务员	—	—

注：*代表新增职业（工种）。

（2）如何获得从业资格证书

每年各省通信管理局都会组织进行以上职业技能鉴定，通过相应的考试获得从业资格证书，具体考试安排参照各省通信管理局通知。

（3）常见问题答疑

①什么是职业技能鉴定

技能鉴定是国家相关机构依法对从事某一职业所必备的学识、技术和能力的基本要求的职业资格的鉴定。比如光纤专业学生以后想要从事与线路相关的工作，那么就必须通过线务员国家职业资格鉴定。简单来说，技能鉴定就是对相关人员从业资格的鉴定。

②我应该报考什么工种

在报考职业工种上，应当首先考虑取得与自己所学专业相关的职业资格证书，这样做第一通过率高，第二能够增强自己在就业时的竞争力。（报考工种可参考《专业与职业技能鉴定项目对应表》。）

在取得本专业的职业资格证书后，可按照自己设想第二就业方向考取相关的职业资格证书，进一步增强自身的就业竞争力，拓宽自己的就业面。

③一次报考一个工种还是多个工种一起报

根据个人学习时间而定，多一种证书多一个保障，多份就业机会。

④考证有没有用

职业资格证书考试与平时我们熟知的比如四、六级英语考试不同，它针对的是从业资格，如果说我们平时学院考试是学习能力、知识水平的证明，那么职业资格证书考试就是对一个劳动者从业资格的考试，是完成从学生向社会劳动者转变的前提。考证也有具体的效用，比如，不同学校学校每年的士官征兵，对技能鉴定证书有要求；广东省通信行业则对有无职业证书从待遇和工资上给予了区别。

⑤考什么证最有用

每种证书都有其适用范围，如地域限定、行业限定、工种限定等，而往往相当部分毕业生都无法在第一次就业中找到与自己所学专业对口的工作，于是便造成了对于证书有用性的疑虑。其实在大部分人的职业生涯中，不会一生都从事毕业之初找到的那份工作，而有可能从事几份甚至十几份工作。而每次更换工作，伴随而来的是对任职资格的审查。所以，在这点上我们提倡学生在校期间多考证，拓宽自己的职业生涯的发展方向。

⑥证书的时效性问题

一般来说证书的一次性时效为两年，通过复审可延长证书的时效，但在企业内部往往采取的是长期有效的原则。

⑦可不可以不参加考证前的培训？

培训采取自愿的参加原则。

⑧考证的通过率

职业证书考试是严肃的，考试结果具有法定效力。认真地学习和练习是提高报考通过率的唯一途径。

专业与职业技能鉴定项目对应表

	专　业	适用鉴定工种
专业与职业技能鉴定项目对应表	光纤通信专业	线务员（国家四级）、计算机辅助设计（国家四级）
	宽带通信专业	电信机务员（数据、光纤、交换）（国家四级）
	通信技术专业	电信机务员（数据、光纤、交换）（国家四级）　通信电力机务员（国家四级）
	监理通信工程设计与管理专业	线务员（国家四级）、计算机辅助设计　国家四级
	市场营销专业	推销员　（国家四级）、电信业务员（国家四级）
	工商企业管理专业	人力资源师（国家四级）、电信业务员（国家四级）、推广员（国家四级）
	计算机网络技术	网页制作（国家四级）、微机维修安装与调试（国家四级）
	计算机通信	通信网络管理员（国家四级）、网页制作（国家四级）、微机维修安装与调试（国家四级）
	计算机信息管理	电信业务员（国家四级）、网页制作（国家四级）、微机维修安装与调试（国家四级）
	电子商务	电子商务师（国家四级）、电信业务员（国家四级）、微机维修安装与调试（国家四级）
	移动通信技术	电信机务员（光纤、交换）（国家四级）、通信电力机务员（国家四级）
	通信技术（通信电源）	通信电力机务员（国家四级）
	移动通信技术（网络优化）	电信机务员（交换）（国家四级）、计算机辅助设计（国家四级）

2. 职业资格证书

（1）职业资格证书介绍

职业资格证书制度是劳动就业制度的一项重要内容，也是一种特殊形式的国家考试制度。它是指按照国家制定的职业技能标准或任职资格条件，通过政府认定的考核鉴定机构，对劳动者的技能水平或职业资格进行客观公正、科学规范的评价和鉴定，对合格者授予相应的国家职业资格证书。

通信类职业资格证书主要是指助理通信工程师、通信工程师、高级通信工程师。

通信工程师专业类别共分9个，分别是有线传输工程、无线通信工程、移动通信工程、电信交换工程、数据通信工程、电信网络工程、计算机网络工程、通信电源工程、市场营销工程。报考通信工程师系列，最对口的专业是通信技术。其核心课程，包括电子设计自动化（EDA）、微机原理与应用、电子测量技术、数字通信原理、通信网络、光通信系统、移动通信系统、移动通信终端设备、程控交换原理、电子整机装配、CATV安装与调试等。就业方向：在通信产品的生产和经营企业，从事通信设备的装配、调试、维修和检验等技术工作，以及通信网络安装、管理、使用与维护工作。

① 有线通信工程

从事明线、电缆、载波、光缆等通信传输系统及工程，用户接入网传输系统以及有线电视传输及相应传输监控系统等方面的科研,开发，规划，设计,生产，建设，维护运营，系统集成，技术支持，电磁兼容和三防（防霄、防蚀、防强电）等工作的工程技术人员。

② 无线通信工程

从事长波、中波、短波、超短波通信等传输系统工程与微波接力（或中继）通信，卫星通信，散射通信和无线电定位，导航，测定，测向，探测等科研，开发，规划，设计，生产，建设，维护运营，系统集成，技术支持以及无线电频谱使用、开发、规划管理，电磁兼容等工作的工程技术人员。

③ 电信交换工程

从事电话交换、话音信息平台、ATM和IP交换、智能网系统及信令系统等方面的科研，开发，规划，设计，生产，建设，维护运营，系统集成,技术支持等工作的工程技术人员。

④ 数据通信工程

从事公众电报与用户电报、会议电视系统、可视电话系统、多媒体通信、电视传输系统、数据传输与交换、信息处理系统、计算机通信、数据通信业务等方面的科研，开发，规划，设计，生产，建设，维护运营，系统集成，技术支持等工作的工程技术人员。

⑤ 移动通信工程

从事无线寻呼系统、移动通信系统、集群通信系统、公众无绳电话系统、卫星移动通信系统、移动数据通信等方面的科研，开发，规划，设计，生产，建设，维护运营，系统集成，技术支持，电磁兼容等工作的工程技术人员。

⑥ 电信网络工程

从事电信网络（电话网、数据网、接入网、移动通信网、信令网、同步网以及电信管理网等）的技术体制、技术标准的制定，电信网计量测试，网络的规划设计及网络管理（包括计费）与监控，电信网络软科学课题研究等科研，开发，规划，设计，维护运营，系统集成，技术支持等工作的工程技术人员。

⑦ 通信电源工程

从事通信电源系统、自备发电机、通信专用不间断电源（UPS）等电源设备及相应的监控系统等方面的科研，开发，规划，设计，生产，建设，运行，维护，系统集成，技术支持等工作的工程技术人员。

⑧ 计算机网络工程

从事计算机网络的技术体制、技术标准的制定，网络的规划设计及网络管理与监控，软科学课题研究等科研，开发，规划，设计，测试，维护运行，系统集成，技术支持等工作的工程技术人员。

⑨ 市场营销工程

从事通信市场策划、开拓、销售、市场分析，为客户提供服务和解决方案等工作的工程技术人员。

（2）如何获得职业资格证书

每年通信职业资格证书进行两次统考，考试时间分别为4月，10月的第3个星期日。考试之前各省会根据信息产业部要求在各省通信管理局公示考试相关信息，符合下列相关条件方可报名参加考试。

① 助理通信工程师

a. 本科以上或同等学历学生。

b. 大专以上或同等学历应届毕业生并有相关实践经验者。

② 通信工程师

a. 已通过助理通信工程师资格认证者。

b. 研究生以上或同等学历应届毕业生。

c. 本科以上或同等学历并从事相关工作一年以上者。

d. 大专以上或同等学历并从事相关工作两年以上者。

③ 高级通信工程师

a. 已通过通信工程师资格认证者。

b. 研究生以上或同等学历并从事相关工作一年以上者。

c. 本科以上或同等学历并从事相关工作两年以上者。

d. 大专以上或同等学历并从事相关工作三年以上者。

经职业技能鉴定、认证考试合格者，颁发加盖全国职业资格认证中心（JYPC）职业技能鉴定专用章钢印的《注册职业资格证书》。

3. 通信类其他相关证书

（1）通信专业技术人员职业水平证书

2006年年初，国家人事部和信息产业部共同推出《通信专业技术人员职业水平评价暂行规定和考试实施办法》，通信专业技术人员职业水平评价纳入全国专业技术人员职业资格证书制度。信息产业部负责制定考试科目、考试大纲和组织命题，建立考试试题库，实施考试考务等有关工作。

适合人群：从事通信工作的专业技术人员。

证书等级：分为初级、中级和高级3个级别层次。

考试内容：初级、中级职业水平考试均设《通信专业综合能力》和《通信专业实务》两科，高级职业水平实行考试与评审相结合的方式评价。其中，中级考试《通信专业实务》科目分为交换技术、传输与接入技术、终端与业务、互联网技术和设备环境 5 个专业类别，考生根据工作需要选择其一。

颁证部门：人事部与信息产业部联合颁发。

（2）移动通信软件工程师（IC-MSP）认证证书

国家信息产业部、教育部与中国软件行业协会携手，共同启动移动通信紧缺人才培养工程的项目之一。该证书是国内首张面向3G和三网融合的"移动通信软件工程师（IC-

MSP）" 职业资格证书，于2010年正式推出，由英泰移动通信学院负责实施培训与考试工作。

适合人群：业内从业人员，高等职业技术学校和高职高专学生。

证书等级：移动通信初级软件工程师、移动通信中级软件工程师和移动通信高级软件工程师。

考试内容：嵌入式软件开发技术、移动通信技术理论、移动增值业务的开发等，分为笔试与机考两种形式。

颁证部门：教育部教育管理信息中心、劳动和社会保障部职业技能鉴定中心、信产部通信行业职业技能鉴定指导中心以及中国软件行业协会联合颁发。

（3）华为认证体系

华为认证体系由3部分组成：技术认证培训体系、销售认证培训体系、专项认证培训体系。

技术认证培训体系由初、中、高3级组成；销售认证培训体系由两级组成；专项认证培训体系由金融网络解决方案、华为VoIP解决方案、华为网络安全解决方案、企业接入解决方案等组成，并且将根据技术和市场的发展不断推出满足用户需求的专项认证。我们就目前比较关注的技术培训课程做一个详细介绍。

HCNE：华为认证网络工程师

● HCNE主要定位于中小型网络的设计、实施与维护等方面。由《构建中小企业网络》一门课程组成。

● 课程包含网络基础、常见接口与电缆、以太网交换机、路由器原理、TCP/IP/IPX协议、广域网协议、路由协议、DDR/ISDN、访问控制列表、备份中心、简单网络故障排除等知识点，另外还提供了华为系列路由器及系列交换机、网络规划设计等知识的介绍。

● 通过相应的认证考试即可获得由华为公司统一签发的"华为认证网络工程师"（HCNE）的证书。

HCSE：华为认证高级网络工程师

● HCSE面向中大型企业的网络设计与实施人员，由构建企业级路由网络、构建企业级交换网络，以及企业级网络设计方案3门课程以及1门选修课华为认证网络排错专家组成，分别覆盖了路由、交换、接入、VPN、QOS、网络排错等全方位的部署园区网络所需的理论及实际设备配置方面的知识。

● 通过HCSE认证后，学员将被授予"华为认证高级网络工程师"称号，能够掌握面向中大型的网络通用技术，同时具备设计中大型企业网络的能力。

● 特别值得一提的是，华为在中级培训考察阶段引入了"实验考试"，通过认证可以获得单独颁发的"华为认证网络排错专家"证书，大大提升了认证的可信度和含金量。

HCIE：华为认证网络互联专家

● HCIE主要面向运营商的网络设计与实施人员，通过认证后，您将被证明已经掌握面向运营商网络的通用技术，并具备设计运营商网络以及使用华为设备实施您的设计的能力。

● 对于希望通过HCIE认证的考生，由于HCIE是面向运营商一级的学员的认证，其培训组成比较复杂，华为公司建议您参加相应的各项单独内容的培训，并参加《构建运营级网络》的考试。

● 在考试通过后向华为公司申请参加相应试验考试。

（4）中兴认证体系

中兴认证体系分为售前与售后两类。售前认证分为初、中级认证，售后认证设立工程督导、开通维护和网规网优等系列的专业技能认证。

认证的主要类型及内容如下。

工程督导认证：对从事中兴通讯外包产品工程督导的合作伙伴工程技术人员独立进行安装及督导公司外包产品的专业技能所进行的认证。工程督导在有线类和无线类等两大类别的基础上按所培训产品进行细分，工程督导的上岗证和专业技能认证证书上需注明培训认证的产品名称，外包经理需按工程督导上岗证和专业技能认证证书的适用范围进行工程派工。

开通维护认证：对从事中兴通讯外包产品开通维护的合作伙伴工程技术人员独立进行开通维护公司产品的专业技能所进行的认证。开通维护培训和认证按公司产品系列进行分类。参加开通维护技能培训和认证的合作伙伴工程技术人员需要参加相关产品的工程督导培训和认证。

网规网优认证：对从事公司外包无线产品网规网优的合作伙伴工程技术人员独立进行网规网优的专业技能所进行的认证。网规网优认证按无线产品进行分类。

专业技能认证等级及资格要求如下。

专业技能认证等级序列表

认证等级	初级	中级	高级	专家级
工程督导类	初级工程督导	中级工程督导	高级工程督	工程督导专家
开通维护类	初级开通维护工程师	中级开通维护工程师	高级开通维护工程师	开通维护专家
网规网优类	初级网规网优工程师	中级网规网优工程师	高级网规网优工程师	网规网优专家

专业技能认证资格要求表

资格要求	初级	中级	高级	专家级
工程督导类	中专及以上学历	获初级证书1年以上	获中级证书2年以上	获高级证书2年以上
开通维护类	大专及以上学历	获初级证书1年以上	获中级证书2年以上	获高级证书2年以上
网规网优类	大专及以上学历	获初级证书1年以上	获中级证书2年以上	获高级证书2年以上

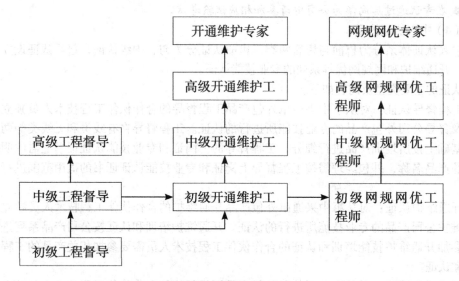

专业技能认证阶梯晋升序列

附录2　近年国家毕业生就业的政策文件选录

国务院办公厅
关于切实做好2007年普通高等学校
毕业生就业工作的通知

国办发〔2007〕26号

一、加大力度，拓宽毕业生就业渠道。各级政府要积极引导国有企事业单位主要面向高校毕业生，补充其新增专业技术人员和管理人员。政府组织的各类重点建设工程和项目，所需人员要优先从高校毕业生中录用。各级政府在城市社区建设中，要积极吸纳高校毕业生在社区管理、高技术服务等新兴社会工作岗位就业；要进一步加强监督检查，凡国家规定实行就业准入的职业，从业者和初次就业者必须取得相应职业资格证书方可上岗。各级机关特别是县、乡级机关要按照公开、平等、择优的原则，加大从高校毕业生中考录公务员的力度，基层公安、司法、工商、税务、质检等执法部门新增人员，应首先从高校毕业生中考试录用，以改善基层机关干部队伍结构，提高基层干部队伍素质。还可采取政府购买就业岗位的方式，加强社会服务工作并促进大学生就业。

二、大力支持高校毕业生到中小企业和非公有制单位就业。中小企业和非公有制单位是吸纳高校毕业生就业的重要渠道，并且随着经济的发展，其就业容量将不断扩大，对高素质人才的需求将不断增加。各级政府要制定并落实有关政策，积极引导鼓励高校毕业生到中小企业和非公有制单位就业，努力形成有利于促进高校毕业生到中小企业和非公有制单位就业的社会环境。凡录用高校毕业生的中小企业和非公有制单位，必须与毕业生签订劳动合同、兑现劳动报酬、缴纳社会保险，劳动保障部门要依法加强监督检查。有关部门对到中小企业和非公有制单位就业的高校毕业生，在专业技术职称评定和人事档案管理方面，要与国有企业员工一视同仁；对从事科技工作的，在按规定程序申请国家和地方科研项目和经费、申报有关科研成果或荣誉称号时，要根据情况给予重视和支持。在非公有制单位就业并参加了基本养老保险的高校毕业生，今后考录或招聘到国家机关、事业单位工作，其缴费年限可合并计算为工龄。地方财政安排的扶持中小企业发展资金，要向聘用高校毕业生达到一定数额的中小企业倾斜。

三、积极鼓励、支持高校毕业生自主创业和灵活就业。今后，对从事个体经营的高校毕业生，除国家限制的行业外，自工商行政管理部门登记注册之日起3年内免交登记类、管理类和证照类的各项行政事业性收费。对自主创业且符合条件的毕业生，在其自筹经费不足时，可向当地经办银行申请小额担保贷款，对从事微利项目的，贷款利息由财政承担50%。对以自由职业、短期职业、个体经营等方式灵活就业的高校毕业生，各级政府要提供必要的人事劳动保障代理服务，在户籍管理、劳动关系形式、社会保险缴纳和保险关系接续等方面提供保障。有条件的地区，可通过财政和社会两条渠道筹集"高校毕业生创业资金"。

四、进一步放宽高校毕业生在城市落户就业的政策。对用人单位拟吸纳的非本地户籍的高校毕业生，省会城市、副省级城市、地级市应取消落户限制，允许高校毕业生跨省（区、市）、跨市（地）就业。地方有关部门要简化手续，方便已落实就业岗位的高校毕业生落户，提倡有条件的地方实行先落户后就业。对到西部县以下基层单位和艰苦边远地区工作满5年以上的高校毕业生，根据本人意愿可以流动到原籍或除直辖市以外的其他地区工作，凡落实了接收单位的，接收单位所在地区应准予落户。

五、做好离校后未就业毕业生的就业服务工作。 对离校后回到原籍的未就业毕业生，地方政府要明确牵头部门，摸清底数。有关部门要使他们充分了解政府的有关支持政策，要为他们提供免费的职业介绍服务，并有计划地组织其参加就业见习，见习期间由见习单位和地方政府提供基本生活补助。各地要进一步完善对9月1日后未就业应届毕业生的失业登记制度，对登记失业的高校毕业生，劳动保障部门要建立专门台账，免费提供政策咨询、职业指导和职业介绍服务；并组织他们参加职业资格培训、职业技能鉴定或就业见习、创业培训，按规定给予职业培训补贴等；对失业时间较长的毕业生要重点援助。地方政府要采取综合措施，力争到年底使半数以上返回原籍登记失业的毕业生能够实现就业。

六、重点帮助困难家庭高校毕业生落实就业。 高等学校要针对困难家庭毕业生的特点和需求开展就业指导，提供"一对一"的就业服务和重点推荐，并尽量给予适当求职经济补贴。各级政府和有关部门要把对困难家庭高校毕业生的就业援助工作纳入政府援助困难群体就业的政策体系。各级国家机关和事业单位招录工作人员，不得违反国家规定设立收费项目，对困难家庭高校毕业生应提供必要的帮助，减轻求职负担。各地有关部门要对离校后回原籍的"零就业"家庭未就业毕业生进行逐户逐人登记，优先安排进入高校毕业生就业见习基地，给予见习补贴，并实施重点帮助，提供有针对性的就业服务和公益性岗位帮助。民政部门要按照有关政策和规定，对符合条件的困难家庭高校毕业生给予最低生活保障或临时救助，切实把党和政府的关爱落实到困难毕业生身上。

中共中央办公厅、国务院办公厅印发
《关于引导和鼓励高校毕业生面向基层就业的意见》的通知

中办发〔2005〕18号

一、充分认识引导和鼓励高校毕业生面向基层就业的重要意义。 高校毕业生是国家宝贵的人才资源，他们的就业是一个涉及全局的重大问题，不仅关系到广大人民群众的切身利益，而且直接影响经济发展和社会稳定。当前，随着经济体制改革的深化和经济结构的战略性调整，一方面高校毕业生就业面临着一些困难和问题，另一方面广大基层特别是西部地区、艰苦边远地区和艰苦行业以及广大农村还存在人才匮乏的状况。积极引导和鼓励高校毕业生面向基层就业，有利于青年人才的健康成长和改善基层人才队伍的结构，有利于促进城乡和区域经济的协调发展，有利于构建社会主义和谐社会和巩固党的执政地位。各地区各部门要站在党和国家事业发展全局的高度，统一思想，提高认识，在充分发挥市场配置高校毕业生人才资源的基础上，进一步加大政府宏观调控力度，切实做好引导和鼓励高校毕业生面向基层就业工作，努力建立与社会主义市场经济体制相适应的高校毕业生面向基层就业的长效机制。

二、积极引导高校毕业生树立正确的成才观和就业观。 要认真贯彻《中共中央、国务院关于进一步加强和改进大学生思想政治教育的意见》（中发〔2004〕16号），开展积极有效的思想政治教育，引导大学生树立正确的世界观、人生观和价值观，自觉地把个人理想同国家与社会的需要紧密结合起来。要通过社会实践等多种方式，帮助大学生深入了解国情、了解社会，正确认识就业形势，树立行行建功、处处立业的观念，踊跃到基层锻炼成才。要加大宣传力度，通过报刊、广播、电视、网络等媒体，深入宣传党和政府有关高校毕业生到基层就业的政策，大力宣传高校毕业生在基层创业成才的先进典型，唱响到基层、到西部、到祖国最需要的地方建功立业的主旋律，在全社会形成良好的舆论导向。

三、完善鼓励高校毕业生到西部地区和艰苦边远地区就业的优惠政策。 要完善人才资源市场配置与政府宏观调控相结合的运行机制，进一步消除政策障碍，健全社会保障体系，促进高校毕业生到西部地区、艰苦边远地区和艰苦行业就业。对到西部县以下基层单位和艰苦边远地区就业的高校毕业生，实行来去自由的政策，户口可留在原籍或根据本人意愿迁往西部地区和艰苦边远地区。工作满5年以上的，根据本人意愿可以流动到原籍或除直辖市以外的其他地区工作，凡落实了接收单位的，接收单位所在地区应准予落户；需要人事代理服务的，由有关机构提供全面的免费代理服务。对毕业后自愿到艰苦地区、艰苦行业工作，服务达到一定年限的学生，其在校期间的国家助学贷款本息由国家代为偿还。到艰苦边远地区和国务扶贫开发工作重点县就业的，可提前执行转正定级工资，高定1至2档工资标准。

四、积极鼓励、支持高校毕业生到基层自主创业和灵活就业。 要大力倡导高校毕业生发扬自强自立的精神，在就业时不等不靠、不挑不拣，勇于到市场经济大潮中拼搏竞争。各级党委和政府要创造良好的政策环境和市场条件，鼓励和支持高校毕业生到基层自主创业和灵活就业。对高校毕业生从事个体经营的，除国家限制的行业外，自工商行政管理部门登记注册之日起3年内免交登记类、管理类和证照类的各项行政事业性收费。要加强对大学生的创业意识教育和创业能力培训，为到基层创业的高校毕业生提供有针对性的项目、咨询等信息服务，对其中有贷款需求的提供小额贷款担保或贴息补贴。有条件的地区，可通过财政和社会两条渠道筹集"高校毕业生创业资金"。对于高校毕业生以从事自由职业、短期职业、个体经营等方式灵活就业的，各级政府要提供必要的人事劳动保障代理服务，在户籍管理、劳动关系形式、社会保险缴纳和保险关系接续等方面提供保障。

五、大力支持各类中小企业和非公有制单位聘用高校毕业生。 各类中小企业和非公有制单位是高校毕业生就业的重要渠道。各级党委和政府要为高校毕业生到这些企业和单位就业营造氛围、疏通渠道、创造条件。对非公有制单位聘用非本地生源的高校毕业生，省会及省会以下城市要取消落户限制。对到中小企业和非公有制单位就业的高校毕业生，在专业技术职称评定方面，要与国有企业员工一视同仁；对他们当中从事科技工作的，在按规定程序申请国家和地方科研项目和经费、申报有关科研成果或荣誉称号时，要根据情况给予重视和支持。要规范人才、劳动力市场秩序，加大人事、劳动保障执法监察力度，通过法律、经济、行政等手段，规范高校毕业生和用人单位的"双向选择"行为。要依法加强对各类企业签订劳动合同、兑现劳动报酬和缴纳社会保险情况的监督检查，维护到中小企业和非公有制单位就业的高校毕业生的合法权益。到非公有制单位就业的高校毕业生，参加了基本养老保险的，今后考录或招聘到国家机关、事业单位工作，其缴费年限可合并计算为工龄。

六、探索建立高校毕业生就业见习制度。 为帮助回到原籍、尚未就业的高校毕业生提升职业技能和促进供需见面，地方政府要创造条件，探索建立高校毕业生见习制度。地方政府有关部门可根据实际需要，联系部分企事业单位，为高校毕业生建立见习基地或提供见习岗位，安排见习指导老师，组织开展见习基地或提供见习岗位，安排见习指导老师，组织开展见习和就业培训，促进他们尽快就业。见习期一般不超过1年，见习期间由见习单位和地方政府提供基本生活补助。当地有关服务机构要为这些毕业生提供免费的人事代理和就业指导等服务。

七、逐步实行省级以上党政机关从具有2年以上基层工作经历的高校毕业生中考录公务员的办法。省级以上党政机关在贯彻执行党和国家的路线方针政策、指导各地区各部门开展工作方面负有十分重要的职责，需要拥有一支德才兼备、熟悉基层的高素质干部队伍。从2006年开始，省级以上党政机关考录公务员，考录具有2年以上基层工作经历的高校毕业生（包括报考特种专业岗位）的比例不得低于三分之一，以后逐年提高。对招录到省级以上党政机关、没有基层工作经历的高校毕业生，应有计划地安排到县以下基层单位工作1至2年。副省级城市党政机关考录公务员参照以上办法执行。今后在选拔县处级以上党政领导时，要注意从有基层工作经历的高校毕业生中选拔。

八、加大选调应届优秀高校毕业生到基层锻炼的工作力度。选调应届优秀高校毕业生到基层锻炼，在改革、建设的第一线和艰苦的环境中了解国情、砥砺品格、增长才干是青年人才成长的重要途径，也是优化基层公务员队伍结构、提高基层干部队伍素质的有效方式。要进一步扩大选调生的规模，各省、自治区、直辖市每年都要选拔一定数量的应届优秀高校毕业生到基层工作，主要充实到农村乡镇和城市街道等基层单位。各级组织人事部门要加强对选调生的日常管理和培养，在他们到基层工作2至3年后，按照干部队伍"四化"方针和德才兼备的原则，按照有关规定，结合岗位需求，从中择选拔部分人员任用到乡镇、街道领导岗位。今后，县级以上党政机关补充公务员，应优先从选调生中选用。

湖南省人民政府办公厅关于做好普通大中专学校
毕业生就业工作的通知

湘政办[2003]37号

一、充分认识做好毕业生就业工作的重要性和紧迫性。毕业生是国家宝贵的人才资源，是实施科教兴国战略、全面建设小康社会的重要力量。做好毕业生就业工作，对深入实施科教兴省战略，满足社会对各类人才的需求，维护社会稳定，推进现代化建设，具有十分重要的意义。各级政府要将毕业生就业工作纳入当地经济和社会发展的整体规划；纳入整个社会就业工作体系；积极建立和完善"市场导向、政府调控、学校推荐、学生与用人单位双向选择"的就业机制；主要负责人要亲自抓，负总责；要安排毕业生就业工作专项经费。各学校要明确主要领导负责毕业生就业工作，切实把毕业生就业工作抓紧抓好。

二、切实加强毕业生就业工作的组织领导。省成立普通大中专学校毕业生就业工作领导小组，统筹、协调全省毕业生就业工作。各地也要成立相应的领导协调机构。要建立健全毕业生就业工作管理机构，并按公共就业服务体系的要求建立毕业生就业指导服务机构，切实履行管理、指导和服务职能。各学校要进一步加强毕业生就业指导服务机构建设，在人、财、物等方面给予充分保证，其专职指导教师和专职工作人员与应届毕业生的配备比例不得低于1：500，毕业生就业工作经费要列入学校当年的预算予以保证和落实。专项核拨的经费要确保用于与就业工作密切相关的各项工作。

三、各级党政机关、社会团体、国有企事业单位新增专业技术人员和管理人员，应主要从毕业生中公开招考或招聘，择优录用。对新增加的就业岗位，要优先录用符合相应资格条件的大中专毕业生。

四、积极鼓励各级各类企事业单位接收、安置毕业生。各级政府及其有关职能部门要为企事业单位接收、安置毕业生提供便利条件和相应服务。

五、鼓励毕业生到基层和艰苦地区工作。在艰苦地区工作2年或2年以上者，报考研究生的，应优先予以推荐、录取；报考党政机关和应聘国有企事业单位的，在同等条件下，应优先录用。到基层和艰苦地区工作的毕业生，其户口可根据本人意愿迁入工作所在地或家庭所在地，也可申请与档案一并由县以上毕业生就业指导服务机构或人才交流机构提供人事代理服务。

六、鼓励毕业生自主创业和灵活就业。自主创业的毕业生继续享受《湖南省人民政府办公厅关于做好普通大中专学校毕业生就业工作的通知》（湘政办发〔2002〕2号）中有关税收优惠政策。凡毕业生从事个体经营的，除国家限制的行业外，自工商部门批准其经营之日起1年内免交登记类和管理类的各项行政事业性收费。有条件的地区，可在现有渠道中为毕业生提供创业小额贷款和担保。

七、加强毕业生就业市场建设和管理。各级政府及其毕业生就业主管部门要加强毕业生就业市场的建设和管理，加大区域性、行业性毕业生就业市场的建设力度，规范毕业生就业市场管理。要实到毕业生就业市场、人才市场、劳动力市场相互贯通，实现网上信息资源共享，更好地为毕业生和用人单位服务。

八、建立毕业生就业信息登记和公开制度。从2003年起，需要录聘用毕业生的单位，应向同级政府毕业生就业主管部门通报需求信息，毕业生就业主管部门登记整理后，要将信息向社会公布，并依据公开、公平、公正的原则录用毕业生。

附录3 相关的劳动法规

中华人民共和国劳动法（摘录）

第三章 劳动合同和集体合同

第十六条

劳动合同是劳动者与用人单位确立劳动关系、明确双方权利和义务的协议。

建立劳动关系应当订立劳动合同。

第十七条

订立和变更劳动合同，应当遵循平等自愿、协商一致的原则，不得违反法律、行政法规的规定。

劳动合同依法订立即具有法律约束力，当事人必须履行劳动合同规定的义务。

第十八条

下列劳动合同无效：

（一）违反法律、行政法规的劳动合同；

（二）采取欺诈、威胁等手段订立的劳动合同。

无效的劳动合同，从订立的时候起，就没有法律约束力。确认劳动合同部分无效的，如果不影响其余部分的效力，其余部分仍然有效。

劳动合同的无效，由劳动争议仲裁委员会或者人民法院确认。

第十九条

劳动合同应当以书面形式订立，并具备以下条款：

（一）劳动合同期限；

（二）工作内容；

（三）劳动保护和劳动条件；

（四）劳动报酬；

（五）劳动纪律；

（六）劳动合同终止的条件；

（七）违反劳动合同的责任。

劳动合同除前款规定的必备条款外，当事人可以协商约定其他内容。

第二十条

劳动合同的期限分为有固定期限、无固定期限和以完成一定的工作为期限。

劳动者在同一用人单位连续工作满十年以上，当事人双方同意延续劳动合同的，如果劳动者提出订立无固定期限的劳动合同，应当订立无固定期限的劳动合同。

第二十一条

劳动合同可以约定试用期。试用期最长不得超过六个月。

第二十二条

劳动合同当事人可以在劳动合同中约定保守用人单位商业秘密的有关事项。

第二十三条

劳动合同期满或者当事人约定的劳动合同终止条件出现，劳动合同即行终止。

第二十四条

经劳动合同当事人协商一致，劳动合同可以解除。

第二十五条

劳动者有下列情形之一的，用人单位可以解除劳动合同：

（一）在试用期间被证明不符合录用条件的；

（二）严重违反劳动纪律或者用人单位规章制度的；

（三）严重失职，营私舞弊，对用人单位利益造成重大损害的；

（四）被依法追究刑事责任的。

第二十六条

有下列情形之一的，用人单位可以解除劳动合同，但是应当提前三十日以书面形式通知劳动者本人：

（一）劳动者患病或者非因工负伤，医疗期满后，不能从事原工作也不能从事由用人单位另行安排的工作的；

（二）劳动者不能胜任工作，经过培训或者调整工作岗位，仍不能胜任工作的；

（三）劳动合同订立时所依据的客观情况发生重大变化，致使原劳动合同无法履行，经当事人协商不能就变更劳动合同达成协议的。

第二十七条

用人单位濒临破产进行法定整顿期间或者生产经营状况发生严重困难，确需裁减人员的，应当提前三十日向工会或者全体职工说明情况，听取工会或者职工的意见，经向劳动行政部门报告后，可以裁减人员。

用人单位依据本条规定裁减人员，在六个月内录用人员的，应当优先录用被裁减的人员。

第二十八条

用人单位依据本法第二十四条、第二十六条、第二十七条的规定解除劳动合同的，应当依照国家有关规定给予经济补偿。

第二十九条

劳动者有下列情形之一的，用人单位不得依据本法第二十六条、第二十七条的规定解除劳动合同：

（一）患职业病或者因工负伤并被确认丧失或者部分丧失劳动能力的；

（二）患病或者负伤，在规定的医疗期内的；

（三）女职工在孕期、产假、哺乳期内的；

（四）法律、行政法规规定的其他情形。

第三十条

用人单位解除劳动合同，工会认为不适当的，有权提出意见。如果用人单位违反法律、法规或者劳动合同，工会有权要求重新处理；劳动者申请仲裁或者提起诉讼的，工会应当依法给予支持和帮助。

第三十一条

劳动者解除劳动合同，应当提前三十日以书面形式通知用人单位。

第三十二条

有下列情形之一的，劳动者可以随时通知用人单位解除劳动合同：

（一）在试用期内的；

（二）用人单位以暴力、威胁或者非法限制人身自由的手段强迫劳动的；

（三）用人单位未按照劳动合同约定支付劳动报酬或者提供劳动条件的。

第三十三条

企业职工一方与企业可以就劳动报酬、工作时间、休息休假、劳动安全卫生、保险福利等事项，签订集体合同。集体合同草案应当提交职工代表大会或者全体职工讨论通过。

集体合同由工会代表职工与企业签订；没有建立工会的企业，由职工推举的代表与企业签订。

第三十四条

集体合同签订后应当报送劳动行政部门；劳动行政部门自收到集体合同文本之日起十五日内未提出异议的，集体合同即行生效。

第三十五条

依法签订的集体合同对企业和企业全体职工具有约束力。职工个人与企业订立的劳动合同中劳动条件和劳动报酬等标准不得低于集体合同的规定。

第四章 工作时间和休息休假

第三十六条

国家实行劳动者每日工作时间不超过八小时、平均每周工作时间不超过四十四小时的工时制度。

第三十七条

对实行计件工作的劳动者，用人单位应当根据本法第三十六条规定的工时制度合理确定其劳动定额和计件报酬标准。

第三十八条 用人单位应当保证劳动者每周至少休息一日。

第三十九条

企业因生产特点不能实行本法第三十六条、第三十八条规定的，经劳动行政部门批准，可以实行其他工作和休息办法。

第四十条 用人单位在下列节日期间应当依法安排劳动者休假：

（一）元旦；

（二）春节；

（三）国际劳动节；

（四）国庆节；

（五）清明节、端午节、中秋节。

第四十一条

用人单位由于生产经营需要，经与工会和劳动者协商后可以延长工作时间，一般每日不得超过一小时；因特殊原因需要延长工作时间的，在保障劳动者身体健康的条件下延长工作时间每日不得超过三小时，但是每月不得超过三十六小时。

第四十二条

有下列情形之一的，延长工作时间不受本法第四十一条规定的限制：

（一）发生自然灾害、事故或者因其他原因，威胁劳动者生命健康和财产安全，需要紧急处理的；

（二）生产设备、交通运输线路、公共设施发生故障，影响生产和公众利益，必须及时抢修的；

（三）法律、行政法规规定的其他情形。

第四十三条

用人单位不得违反本法规定延长劳动者的工作时间。

第四十四条

有下列情形之一的，用人单位应当按照下列标准支付高于劳动者正常工作时间工资的工资报酬：

（一）安排劳动者延长工作时间的，支付不低于工资的百分之一百五十的工资报酬；

（二）休息日安排劳动者工作又不能安排补休的，支付不低于工资的百分之二百的工资报酬；（三）法定休假日安排劳动者工作的，支付不低于工资的百分之三百的工资报酬。

第四十五条

国家实行带薪年休假制度。

劳动者连续工作一年以上的，享受带薪年休假。具体办法由国务院规定。

第五章 工资

第四十六条

工资分配应当遵循按劳分配原则，实行同工同酬。

工资水平在经济发展的基础上逐步提高。国家对工资总量实行宏观调控。

第四十七条

用人单位根据本单位的生产经营特点和经济效益，依法自主确定本单位的工资分配方式和工资水平。

第四十八条

国家实行最低工资保障制度。最低工资的具体标准由省、自治区、直辖市人民政府规定，报国务院备案。

用人单位支付劳动者的工资不得低于当地最低工资标准。

第四十九条

确定和调整最低工资标准应当综合参考下列因素：

（一）劳动者本人及平均赡养人口的最低生活费用；

（二）社会平均工资水平；

（三）劳动生产率；

（四）就业状况；

（五）地区之间经济发展水平的差异。

第五十条

工资应当以货币形式按月支付给劳动者本人。不得克扣或者无故拖欠劳动者的工资。

第五十一条

劳动者在法定休假日和婚丧假期间以及依法参加社会活动期间，用人单位应当依法支付工资。

第六章 劳动安全卫生

第五十二条

用人单位必须建立、健全劳动安全卫生制度，严格执行国家劳动安全卫生规程和标准，对劳动者进行劳动安全卫生教育，防止劳动过程中的事故，减少职业危害。

第五十三条

劳动安全卫生设施必须符合国家规定的标准。

新建、改建、扩建工程的劳动安全卫生设施必须与主体工程同时设计、同时施工、同时投入生产和使用。

第五十四条

用人单位必须为劳动者提供符合国家规定的劳动安全卫生条件和必要的劳动防护用品，对从事有职业危害作业的劳动者应当定期进行健康检查。

第五十五条

从事特种作业的劳动者必须经过专门培训并取得特种作业资格。

第五十六条

劳动者在劳动过程中必须严格遵守安全操作规程。

劳动者对用人单位管理人员违章指挥、强令冒险作业，有权拒绝执行；对危害生命安全和身体健康的行为，有权提出批评、检举和控告。

第五十七条

国家建立伤亡事故和职业病统计报告和处理制度。县级以上各级人民政府劳动行政部门、有关部门和用人单位应当依法对劳动者在劳动过程中发生的伤亡事故和劳动者的职业病状况，进行统计、报告和处理。

第七章 女职工和未成年工特殊保护

第五十八条

国家对女职工和未成年工实行特殊劳动保护。

未成年工是指年满十六周岁未满十八周岁的劳动者。

第五十九条

禁止安排女职工从事矿山井下、国家规定的第四级体力劳动强度的劳动和其他禁忌从事的劳动。

第六十条

不得安排女职工在经期从事高处、低温、冷水作业和国家规定的第三级体力劳动强度的劳动。

第六十一条

不得安排女职工在怀孕期间从事国家规定的第三级体力劳动强度的劳动和孕期禁忌从事的活动。对怀孕七个月以上的女职工，不得安排其延长工作时间和夜班劳动。

第六十二条

女职工生育享受不少于九十天的产假。

第六十三条

不得安排女职工在哺乳未满一周岁的婴儿期间从事国家规定的第三级体力劳动强度的劳动和哺乳期禁忌从事的其他劳动，不得安排其延长工作时间和夜班劳动。

第六十四条

不得安排未成年工从事矿山井下、有毒有害、国家规定的第四级体力劳动强度的劳动和其他禁忌从事的劳动。

第六十五条

用人单位应当对未成年工定期进行健康检查。

附录4　SYB创业计划书

SYB创业计划书

企业名称 _____

创 业 者 _____

日　　期 _____

通信地址 _____

邮政编码 _____

电话/手机 _____

传　　真 _____

电子邮件 _____

目　录

一、企业概况
　　主要经营范围：_____

_____

_____

_____

　　企业类型：
　　□生产制造　　□零售　　□批发　　□服务　　□农业
　　□新型产业　　□传统产业　　□其他

二、创业计划作者的个人情况
　　以往的相关经验（包括时间）：_____

_____

_____

_____

　　教育背景，所学的相关课程（包括时间）：_____

_____

_____

_____

三、市场评估

_____

_____

_____

_____

　　市场容量或本企业预计市场占有率：_____

_____

_____

_____

　　市场容量的变化趋势：_____

_____

_____

竞争对手的主要优势：_____

竞争对手的主要劣势：_____

本企业相对于竞争对手的主要优势：_____

本企业相对于竞争对手的主要劣势：_____

四、市场营销计划
1. 产品

产品或服务	主要特征

2.价格

产品或服务	成本价	销售价	竞争对手的价格

折扣销售	
赊账销售	

3.地点

（1）选址细节：

地址	面积（平方米）	租金或建筑成本

（2）选择该地址的主要原因：_____

_____

_____

（3）销售方式（选择一项并打√）

将把产品或服务销售或提供给：□最终消费者　□零售商　□批发商

（4）选择该销售方式的原因：_____

_____

_____

4. 促销

人员推销		成本预测	
广告		成本预测	
公共关系		成本预测	
营业推广		成本预测	

五、企业组织结构

企业将登记注册成

□个体工商户　　　　　□有限责任公司

□个人独资企业　　　　□其他

□合伙企业

拟订的企业名称：_____

企业的员工（请附企业组织结构图和员工工作描述表）

职务　　　　　　　　　　　　　　　月薪

业主或经理：_____　_____

_____　_____

员工：_____　_____

_____　_____

企业将获得的营业执照、许可证：

类型　　　　　　　　　　　　　　　预计费用

_____　_____

_____　_____

_____　_____

企业的法律责任（保险、员工的薪酬、纳税）：

种类　　　　　　　　　　　　　　　预计费用

_____　_____

_____　_____

合伙（合作）人与合伙（合作）协议：

内容条款＼合伙人				
出资方式				
出资数额与期限				
利润分配和亏损分摊				
经营分工、权限和责任				
合伙人个人负债的责任				
协议变更和终止				
其他条款				

六、固定资产

1.工具和设备

根据预测的销售量，假设达到100%的生产能力，企业需要购买以下设备。

名称	数量	单价	总费用（元）

供应商名称	地址	电话或传真

2.交通工具

根据交通及营销活动的需要，拟购置以下交通工具。

名称	数量	单价	总费用（元）

供应商名称	地址	电话或传真

3.办公家具和设备

办公室需要以下设备。

名称	数量	单价	总费用（元）

供应商名称	地址	电话或传真

4.固定资产和折旧概要

项目	价值（元）	年折旧（元）
工具和设备（20%）		
交通工具（10%）		
办公家具和设备（20%）		
店铺装修折旧年限		
厂房折旧年限		
土地		
合计		

七、流动资金（月）

1.原材料和包装

项目	数量	单价	总费用（元）

供应商名称	地址	电话或传真

2.其他经营费用（不包括折旧费和贷款利息）

项目	费用（元）	备注
业主的工资		
雇员工资		
租金		
营销费用		
公用事业费		
维修费		
保险费		
登记注册费		
其他		
合计		

八、销售收入预测（12个月）

销售情况＼月份 销售的产品		1	2	3	4	5	6	7	8	9	10	11	12	合计
（1）	销售数量													
	平均单价													
	月销售额													
（2）	销售数量													
	平均单价													
	月销售额													
（3）	销售数量													
	平均单价													
	月销售额													
（4）	销售数量													
	平均单价													
	月销售额													
（5）	销售数量													
	平均单价													
	月销售额													
（6）	销售数量													
	平均单价													
	月销售额													

销售情况 销售的产品	月份	1	2	3	4	5	6	7	8	9	10	11	12	合计
（7）	销售数量													
	平均单价													
	月销售额													
（8）	销售数量													
	平均单价													
	月销售额													
合计	销售总量													
	销售总收入													

九、销售和成本计划

金额（元） 项目	月份	1	2	3	4	5	6	7	8	9	10	11	12	合计
2000	含流转税销售收入													
	流转税（增值税等）													
	销售净收入													
成本	业主工资													
	员工工资													
	租金													
	营销费用													
	公用事业费													
	维修费													
	折旧费													
	贷款利息													
	保险费													
	登记注册费													
	原材料（列出项目）													
	（1）													
	（2）													
	（3）													
	（4）													
	（5）													
	（6）													
	总成本													
利润														

金额（元）\月份\项目		1	2	3	4	5	6	7	8	9	10	11	12	合计
税费	企业所得税													
	个人所得税													
	其他													
净收入（税后）														

十、现金流量计划

金额（元）\月份\项目		1	2	3	4	5	6	7	8	9	10	11	12	合计
现金流入	月初现金													
	现金销售收入													
	赊销收入													
	贷款													
	其他现金流入													
	可支配现金（A）													
现金流出	现金采购支出（列出项目）													
	（1）													
	（2）													
	（3）													
	赊购支出													
	业主工资													
	员工工资													
	租金													
	营销费用													
	公用事业费													
	维修费													
	贷款利息													
	偿还贷款本金													
	保险费													
	登记注册费													
	设备													
	其他（列出项目）													
	税金													
	现金总支出（B）													
月底现金（A-B）														